Hähnchen

KOCHLUST

Hähnchen

DORLING KINDERSLEY

Inhalt

Vielseitig und beliebt

Kaum ein anderes Fleisch ist so unglaublich vielseitig und einfach zuzubereiten wie das von Huhn, Hähnchen oder Poularde. Ob im Tandoori-Ofen, im Wok, in der Pfanne, auf dem Holzkohlegrill oder im Schmortopf – in allen Küchen der Welt wird Hähnchen auf vielfältigste Weise mit den jeweiligen ländertypischen Zutaten zubereitet.

Hähnchenfleisch kann fein gehackt und zu Fleischbällchen verarbeitet werden; man kann aber auch ein Hähnchen im Ganzen oder in Teilen braten oder schmoren oder aber das Fleisch auslösen, in Stückchen schneiden und beispielsweise pfannenrühren oder kurzbraten.
Aus Hähnchenlebern lassen sich köstliche Pasteten oder Terrinen und aus Hähnchenflügeln knusprige Chicken Wings herstellen. Und Hähnchenknochen sind die Grundlage für eine der wichtigsten Zutaten der guten Küche: die Hühnerbrühe.

Wegen seiner Vielseitigkeit und seines Wohlgeschmacks ist Hähnchenfleisch zu Recht so begehrt. Darüber hinaus ist das Fleisch ohne Haut auch noch relativ fettarm, also eine ideale Zutat für leichte Gerichte.
Praktischerweise wird Hähnchen nicht nur im Ganzen mit oder ohne Innereien, sondern auch in Teilen zerlegt oder ausgelöst angeboten. Falls man einmal ein vollständig entbeintes Hähnchen verarbeiten möchte, wird der Geflügelhändler den Vogel sicherlich entsprechend vorbereiten, wenn man ihn darum bittet.
Aus den verschiedenen Fleischstücken eines Hähnchens lassen sich die unterschiedlichsten Gerichte zubereiten. Hähnchenbrustfilet ist besipielsweise besonders mager, weshalb es leicht trocken und zäh werden kann, wenn man dieses Fleisch zu lange gart. Dagegen ist das Fleisch der Hähnchenschenkel fettreicher und bleibt deshalb auch nach längerem Schmoren schön saftig.

Achten Sie beim Kauf von Hähnchen und Hähnchenfleisch auf Frische: es muss appetitlich hell und Rosa sein und darf keine dunklen, schrumpligen oder gar klebrigen Stellen aufweisen. Das Fett sollte ebenfalls hell und cremefarben sein.

Im Kühlschrank sollte man frisches Hähnchenfleisch nicht länger als ein bis zwei Tage aufbewahren. Entsprechend verpackt, kann man es im Tiefkühlgerät bis zu sechs Monate lagern.

Vorspeisen

Hähnchenleberpastete mit Pistazien und Schinken

VORBEREITUNGSZEIT: 20 MINUTEN + 3 STUNDEN KÜHLZEIT | GARZEIT: 15 MINUTEN | FÜR 10 PERSONEN

6 sehr dünne lange Scheiben roher Schinken
40 g Butter
60 ml Olivenöl
80 g geräucherter durchwachsener Speck, gewürfelt
1 Zwiebel, fein gewürfelt
2 Knoblauchzehen, zerdrückt
500 g Hähnchenlebern
3 Lorbeerblätter
80 ml Sherry oder Weinbrand
125 weiche Butter
50 g Pistazienkerne, geröstet
Salz und Pfeffer aus der Mühle

NÄHRWERTE PRO PERSON ETWA
225 kcal; 4 g Eiweiß; 20 g Fett; 2 g Kohlenhydrate; 1 g Ballaststoffe; 50 mg Cholesterin

1 Eine Kastenform (1,5 l Inhalt) mit Alufolie auslegen. Die Schinkenscheiben quer so hineinlegen, dass sie über die Ränder hängen. In einer schweren Pfanne Butter und Öl erhitzen und Speck, Zwiebel und Knoblauch darin 5–6 Minuten braten, bis die Zwiebel glasig ist.

2 Hähnchenlebern putzen (Fett und Sehnen abschneiden). Mit den Lorbeerblättern in die Pfanne legen und bei starker Hitze 3–4 Minuten braten. Die Lebern sollen außen braun, aber innen noch rosa sein.

3 Sherry unterrühren; alles 3 Minuten unter Rühren köcheln lassen, bis die Flüssigkeit fast ganz eingekocht ist. Lorbeerblätter herausnehmen. Den Pfanneninhalt in der Küchenmaschine sehr fein pürieren. Portionsweise die weiche Butter dazugeben und das Ganze pürieren. Mit Salz und Pfeffer würzen und die Pistazienkerne unterrühren.

4 Die Pastetenmasse in die Form löffeln und den Schinken so darüberfalten, dass alles bedeckt ist. Für mindestens 3–4 Stunden in den Kühlschrank stellen. Die Pastete in dünne Scheiben schneiden und servieren.

HINWEIS: *Die Pastete lässt sich nach 2 Tagen leichter aufschneiden; in dieser Zeit verändern sich Geschmack, Farbe und Konsistenz. Sie ist im Kühlschrank 3–4 Tage haltbar.*

Die Kastenform so mit den Schinkenscheiben auslegen, dass sie an den Rändern überstehen.

Sherry zu den Lebern gießen; alles köcheln lassen, bis die Flüssigkeit fast eingekocht ist.

Die gerösteten Pistazienkerne unter die Pastetenmasse rühren.

Hähnchenterrine

VORBEREITUNGSZEIT: 15 MINUTEN + 2 STUNDEN KÜHLZEIT | GARZEIT: 1 STUNDE | FÜR 6 PERSONEN

Fleisch von 6 Hähnchenschenkeln
1 Zwiebel, in Ringe geschnitten
1 Möhre, gewürfelt
6 Pfefferkörner
1 Lorbeerblatt
1 Prise gemahlene Muskatblüte
1 Prise Cayennepfeffer
frisch geriebene Muskatnuss
200 g weiche Butter
Salz und Pfeffer aus der Mühle

1 500 ml Wasser mit Hähnchenfleisch, Zwiebel, Möhre, Pfefferkörnern und Lorbeerblatt in einen Topf geben. Aufkochen lassen. Den Schaum, der sich eventuell auf der Oberfläche bildet, abschöpfen. Die Flüssigkeit bei schwacher Hitze zugedeckt 30 Minuten köcheln lassen.

2 Das Fleisch aus der Brühe nehmen, die Brühe aufkochen und bei starker Hitze auf etwa 60 ml einkochen lassen. Durch ein feines Sieb gießen und abkühlen lassen.

3 Hähnchenfleisch zerkleinern und in der Küchenmaschine mit der reduzierten Brühe fein pürieren. Gewürze und 150 g Butter dazugeben. Mit Salz und Pfeffer würzen und alles zu einer feinen Masse pürieren.

4 Die Masse in eine Porzellanform (750 ml Inhalt) füllen. Die restliche Butter (50 g) erhitzen und über die Hähnchenfarce gießen, dabei den weißen Bodensatz im Topf lassen. Die Terrine für 2 Stunden in den Kühlschrank stellen. Die Butter soll dabei fest werden.

HINWEIS: *Für geklärte Butter muss man Butter bei schwacher Hitze erhitzen und dabei den Schaum an der Oberfläche abnehmen, ohne zu rühren. Die geschmolzene Butter vom Herd nehmen und 1 Minute stehen lassen. Dabei sinkt das weiße Butter-Eiweiß auf den Topfboden. Die geklärte Butter vorsichtig so über die Terrine gießen, dass die Rückstände im Topf bleiben.*

Die Brühe durch ein feines Sieb gießen und abkühlen lassen.

Die geklärte Butter vorsichtig über die Hähnchenfarce in der Form gießen.

NÄHRWERTE PRO PERSON ETWA
380 kcal; 25 g Eiweiß; 30 g Fett; 2 g Kohlenhydrate; 1 g Ballaststoffe; 140 mg Cholesterin

Hühnerfleischbällchen mit Zitrone

VORBEREITUNGSZEIT: 20 MINUTEN + 30 MINUTEN KÜHLZEIT | GARZEIT: 10 MINUTEN | FÜR 4 PERSONEN

500 g gehacktes Hähnchenfleisch
2 Knoblauchzehen, zerdrückt
80 g frische Weißbrotkrumen
1 TL abgeriebene unbehandelte Zitronenschale
1 TL Zitronenthymian
1 Ei, leicht verquirlt
1 EL Olivenöl
2 EL Zitronensaft
Salz und Pfeffer aus der Mühle

JOGHURT-MINZE-SAUCE
200 g Joghurt
1 EL gehackte Minzeblätter
Schale von ¼ eingelegten Salzzitrone (aus dem Glas; Asienladen), abgespült und gehackt

1 Das Hackfleisch mit Knoblauch, Brotkrumen, Zitronenschale, Thymian, Ei, Salz und Pfeffer verkneten. Die Hände anfeuchten und aus der Masse Bällchen formen. Diese auf eine gefettete Platte legen und 30 Minuten kühl stellen.

2 Fur die Joghurtsauce den Joghurt mit den gehackten Minzeblättern und der Salzzitronenschale verrühren.

3 In einer beschichteten Pfanne das Öl erhitzen und die Hühnerbällchen darin portionsweise braten, bis sie rundum braun und gar sind. Mit Zitronensaft beträufeln, auf eine Servierplatte legen und mit Salz bestreuen. Die Hühnerbällchen mit der Joghurt-Minze-Sauce servieren.

NÄHRWERTE PRO PERSON ETWA
310 kcal; 35 g Eiweiß; 11 g Fett; 16 g Kohlenhydrate; 1 g Ballaststoffe; 116 mg Cholesterin

Hähnchenfleisch mit Knoblauch, Brotkrumen, Zitronenschale, Thymian, Ei, Salz und Pfeffer mischen.

Mit angefeuchteten Händen die Fleischmasse esslöffelweise zu Bällchen rollen.

Quesadillas mit Hähnchen-Chili-Füllung

VORBEREITUNGSZEIT: 45 MINUTEN + 1 STUNDE MARINIERZEIT | GARZEIT: 20–30 MINUTEN | FÜR 4 PERSONEN

4 große grüne Chilischoten
3 große rote Chilischoten
2 Hähnchenbrustfilets
3 EL körniger Senf
2 EL Honig
6 Frühlingszwiebeln, in dünne Ringe geschnitten
1–2 kleine rote Chilischoten, fein gehackt (nach Belieben)
1–2 kleine grüne Chilischoten, fein gehackt (nach Belieben)
375 g geriebener Käse (z. B. Emmentaler)
4 Soft-Tortillas
Olivenöl zum Braten

GRÜNE CHILI-SALSA
3 lange grüne Chilischoten, in dünne Ringe geschnitten
2 Tomaten, geschält, entkernt und gewürfelt
1 Zwiebel, fein gewürfelt
4 EL Koriandergrün, fein gehackt
2 EL Limettensaft

NÄHRWERTE PRO PERSON ETWA
635 kcal; 45 g Eiweiß; 35 g Fett; 40 g Kohlenhydrate; 5 g Ballaststoffe; 125 mg Cholesterin

1 Die großen Chilischoten unter den heißen Backofengrill legen und 5–8 Minuten braten, dabei öfter wenden, bis die Haut schwarz wird. In einem Gefrierbeutel abkühlen lassen. Die Haut abziehen und die Schoten entkernen. Chilis längs halbieren und in dünne Streifen schneiden. Die Hähnchenbrüste in eine Schale legen. Senf und Honig verrühren und über das Fleisch gießen. Die Hähnchenbrustfilets im Honigsenf wenden, zudecken und für 1 Stunde in den Kühlschrank stellen. Anschließend unter dem heißen Grill auf jeder Seite 4 Minuten braten, bis das Fleisch durchgegart ist. Abkühlen lassen und in Streifen schneiden.

2 Für die Salsa alle Zutaten in einer Schüssel mischen, falls nötig, noch etwas Limettensaft dazugeben. Beiseitestellen.

3 Hähnchenfleisch, Frühlingszwiebeln, geröstete und nicht geröstete Chilis und Käse in eine Schüssel geben. Eine große schwere Pfanne leicht fetten und bei mittlerer Hitze heiß werden lassen. Einen Tortillafladen in die Pfanne legen und die Hälfte der Füllung darauf verteilen. Einen zweiten Fladen darauflegen; leicht mit Öl bepinseln.

4 Den gefüllten Fladen auf einen Teller stürzen und wieder in die Pfanne gleiten lassen. Noch ein paar Minuten braten; der Käse soll gerade schmelzen und die Unterseite golden und knusprig sein. Die Quesadilla auf einen Teller legen und warm halten. Die anderen Quesadillas genauso zubereiten. Die Quesadillas vierteln und mit der Salsa servieren.

Von den geschwärzten, abgekühlten Chilischoten die Haut abziehen.

Die Hähnchenbrustfilets gut in der Senf-Honig-Mischung wälzen.

Den zweiten Fladen auf die gefüllte Tortilla in der Pfanne legen.

Frittata mit Kartoffeln, Hähnchen und Spinat

VORBEREITUNGSZEIT: 30 MINUTEN | GARZEIT: 1 STUNDE 15 MINUTEN | FÜR 6 PERSONEN

600 g neue Kartoffeln, ungeschält in etwa 1 cm dicke Scheiben geschnitten
Öl zum Bepinseln
1 kleines gegrilltes Hähnchen
500 g Blattspinat, verlesen
125 g Feta, zerbröckelt
50 g geriebener Parmesan
1 Handvoll Basilikumblätter, gehackt
10 Eier, leicht verquirlt
10 getrocknete Tomatenviertel
Salz und Pfeffer aus der Mühle

1 Backofen auf 180 °C vorheizen. Die Kartoffeln in eine gefettete ofenfeste Form legen und rundum mit Öl einpinseln. 40 Minuten im Ofen backen, bis sie gar sind. Während des Backens ein- oder zweimal wenden. Abkühlen lassen.

2 Das Hähnchen häuten. Das Fleisch von den Knochen zupfen und grob hacken.

3 Den Spinat waschen, tropfnass in eine große Pfanne geben und zugedeckt bei mittlerer Hitze in 2 Minuten zusammenfallen lassen. Abgießen, abkühlen lassen, gut ausdrücken und hacken. In einer Schüssel mit dem Hähnchenfleisch, Feta, Parmesan und Basilikum mischen. Alles mit Salz und Pfeffer würzen.

4 Eine große Pfanne mit backofenfestem Griff (24 cm Ø) mit Öl fetten. Die Hälfte der Kartoffeln hineinschichten, darauf jeweils die Hälfte der Hähnchen-Spinat-Masse und der restlichen Kartoffeln geben, dann mit der restlichen Hähnchen-Spinat-Masse abschließen.

5 Die Eier mit Salz und Pfeffer würzen und über die Schichten gießen. Die Tomatenviertel darauflegen. Die Frittata bei schwacher Hitze 25 Minuten garen. Sobald sie in der Mitte zu stocken beginnt, noch 7 Minuten unter den heißen Backofengrill schieben. Die Frittata in Stücke schneiden und servieren.

Kartoffelscheiben und Hähnchenmasse lagenweise in die Pfanne schichten.

Die Frittata in der Pfanne unter dem heißen Backofengrill fertigbacken.

NÄHRWERTE PRO PERSON ETWA
500 kcal; 40 g Eiweiß; 25 g Fett; 15 g Kohlenhydrate; 4 g Ballaststoffe; 375 mg Cholesterin

Filotaschen mit Hähnchen und Lauch

VORBEREITUNGSZEIT: 40 MINUTEN | GARZEIT 45 MINUTEN | FÜR 20 STÜCK

1 EL Öl, mehr zum Fetten
350 g Hähnchenbrustfilets
30 g Butter
2 Stangen Lauch, in feine Ringe geschnitten
1 Scheibe Bacon (Frühstücksspeck), fein gewürfelt
1 Knoblauchzehe, zerdrückt
60 ml Weißwein
60 g Sahne
2 TL körniger Senf
25 g geriebener Parmesan
10 Blätter Filoteig
80 g Butter, zerlassen
Salz und Pfeffer aus der Mühle

1 Das Öl in einer schweren Pfanne erhitzen und darin das Hähnchenfleisch auf jeder Seite 5 Minuten braten, bis es gebräunt und gar ist. Fleisch aus der Pfanne nehmen und auf Küchenpapier entfetten. Abkühlen lassen; fein hacken.

2 Die Butter in der Pfanne erhitzen. Lauch, Bacon und Knoblauch darin 3–4 Minuten braten. Hähnchenfleisch, Wein, Sahne und Senf dazugeben. Unter ständigem Rühren 4 Minuten braten und etwas eindicken lassen. Vom Herd nehmen. Mit Salz und Pfeffer würzen, den Parmesan unterrühren. Leicht abkühlen lassen.

3 Den Backofen auf 180 °C vorheizen. Ein Backblech fetten. Ein Teigblatt auf die Arbeitsfläche legen und mit zerlassener Butter bepinseln. Ein zweites Blatt darauflegen und ebenfalls mit Butter bestreichen. Die Blätter in 4 Streifen schneiden. In eine untere Ecke von jedem Streifen 1 EL Hähnchenmasse setzen und diese Ecke schräg nach oben falten. Immer weiter schräg hin und her falten, bis ein dreieckiges Päckchen entstanden ist. Die übrigen Teigblätter mit der Füllung genauso zubereiten. Die Päckchen auf das Backblech setzen, mit Butter bepinseln und im Ofen 10 Minuten backen.

NÄHRWERTE PRO STÜCK ETWA
100 kcal; 6 g Eiweiß; 7 g Fett; 4 g Kohlenhydrate; 0 g Ballaststoffe; 25 mg Cholesterin

Hähnchenfleisch, Wein, Sahne und Senf zur Bacon-Mischung in die Pfanne geben und mitbraten.

Auf eine Ecke eines Teigstreifens etwas Füllung setzen und die Ecke schräg nach oben falten.

Hähnchen mit Kürbis und Pesto im Filoteig

VORBEREITUNGSZEIT: 30 MINUTEN | GARZEIT: 50 MINUTEN | FÜR 4 PERSONEN

4 Hähnchenbrustfilets
1 EL Öl
250 g Kürbis, geschält und entkernt (z. B. Riesenkürbis)
500 g Blattspinat
12 Filoteigblätter
100 g zerlassene Butter
25 g Semmelbrösel
100 g Ricotta
200 g Pesto (Fertigprodukt)
1 EL Pinienkerne, gehackt
Salz und Pfeffer aus der Mühle

NÄHRWERTE PRO PERSON ETWA
630 kcal; 35 g Eiweiß; 40 g Fett; 30 g Kohlenhydrate; 3 g Ballaststoffe; 130 mg Cholesterin

1 Backofen auf 200 °C vorheizen. Hähnchenbrustfilets mit Salz und Pfeffer würzen. ½ EL Öl in einer beschichteten Pfanne erhitzen und die Hähnchenbrüste darin auf beiden Seiten braun braten; herausnehmen.

2 Das Kürbisfleisch in ½ cm dicke Streifen schneiden. Das restliche Öl (½ EL) in der Pfanne erhitzen und den Kürbis darin braten, bis er leicht gebräunt ist. Abkühlen lassen.

3 Den Spinat in Sieb füllen und dieses in eine Schüssel hängen; mit kochend heißem Wasser übergießen und zusammenfallen lassen. Abgießen, gut abtropfen lassen und zwischen Küchenpapier ausdrücken. Jeweils 3 Filoteigblätter aufeinanderlegen, dabei jedes Blatt mit etwas zerlassener Butter bepinseln und mit Semmelbröseln bestreuen.

4 Jede Hähnchenbrust in ein Viertel des Spinats wickeln und quer auf ein Teigpäckchen legen, dabei unten einen 2 cm breiten Rand frei lassen. Auf das Fleisch je ein Viertel vom Kürbis legen, darauf ein Viertel des Ricotta streichen. Zuletzt 1 EL Pesto daraufgeben.

5 Die Längsseiten des Teigs über der Füllung zusammenlegen; die Päckchen aufwickeln. Ein Backblech fetten und die Päckchen daraufsetzen. Mit der restlichen Butter bestreichen und mit Pinienkernen bestreuen. Die Päckchen im Ofen 15 Minuten backen, dann locker mit Backpapier bedecken und 20 Minuten weiterbacken, bis sie goldbraun sind.

Das Sieb aus dem Wasser heben und den Spinat abtropfen und abkühlen lassen.

Die Füllung mit jeweils einem Viertel der Kürbisstreifen bedecken.

Die Längsseiten der Teigblätter über die Füllung falten; zu einem Päckchen aufrollen.

Gefüllte Hähnchenflügel

VORBEREITUNGSZEIT: 40 MINUTEN | GARZEIT: 20 MINUTEN | FÜR 6 PERSONEN

6 große Hähnchenflügel

FÜLLUNG

3 EL gehackte Wasserkastanien (aus der Dose)
½ EL fein gewürfelter Knoblauch
1 EL fein gehackte Korianderblätter
1½ EL Fischsauce
1 TL frisch gemahlener schwarzer Pfeffer
1 Frühlingszwiebel, fein gehackt
250 g Schweinehackfleisch
Öl zum Fetten

1 Die Hähnchenflügel trocken tupfen. Zum Auslösen ein schmales, scharfes Messer verwenden. Am oberen Ende der Flügel mit dem Messer ins Fleisch stechen und am Knochen entlang bis zum Gelenk fahren, ohne die Haut zu verletzen. So den Knochen vom Fleisch lösen. Auf der anderen Seite die Knochen genauso lösen.

2 Sobald die Knochen freigelegt sind, das Fleisch nach unten stülpen und die Knochen am Gelenk abschneiden. Anschließend die Flügel wieder in die ursprüngliche Form bringen.

3 Für die Füllung Wasserkastanien, Knoblauch, Koriandergrün, Fischsauce, Pfeffer, Frühlingszwiebel und Hackfleisch gut mischen. Mit einem Teelöffel die Füllung in die Flügel stopfen; die Flügel dabei nicht zu sehr füllen, damit sie beim Braten nicht platzen.

4 Die Flügel in einen gefetteten Dämpfkorb legen und zugedeckt über kochendem Wasser 10 Minuten dämpfen. Herausnehmen und auf ein kaltes, leicht gefettetes Backblech legen. Unter dem heißen Backofengrill bei mittlerer Hitze auf jeder Seite 5 Minuten braten, bis die Haut schön braun und das Fleisch gar ist.

Mit dem Messer am Flügelknochen entlangfahren, dabei die Haut nicht verletzen.

Knochen herausziehen und am Gelenk abschneiden, dann das Fleisch wieder in Form bringen.

NÄHRWERTE PRO PERSON ETWA
145 kcal; 30 g Eiweiß; 3 g Fett; 2 g Kohlenhydrate; 1 g Ballaststoffe; 60 mg Cholesterin

Hühnerfleischbällchen auf Thai-Art

VORBEREITUNGSZEIT: 20 MINUTEN | GARZEIT: 40 MINUTEN | FÜR 6 PERSONEN

1 kg gehacktes Hähnchenfleisch
80 g frische Brotkrumen
4 Frühlingszwiebeln, in Ringe geschnitten
1 EL gemahlener Koriander
3 große Handvoll gehacktes Koriandergrün
60 ml süße Chilisauce
1–2 EL Zitronensaft
Öl zum Braten

1 Den Backofen auf 200 °C vorheizen. Das Hähnchenfleisch mit den Brotkrumen mischen.

2 Frühlingszwiebeln, gemahlenen Koriander, Koriandergrün, Chilisauce und Zitronensaft dazugeben und alles zu einer glatten Masse verkneten. Mit feuchten Händen daraus so kleine Bällchen formen, dass man sie aus der Hand essen kann.

3 Das Öl in einer hohen Pfanne erhitzen und die Bällchen darin unter Wenden portionsweise knusprig anbraten. Auf ein Backblech legen und im Ofen in 5–10 Minuten weiterbraten, bis sie durch und durch gar sind. Die Hähnchenfleischmasse kann man auch gut zu Röllchen formen und braten.

NÄHRWERTE PRO PERSON ETWA
275 kcal; 40 g Eiweiß; 8 g Fett; 10 g Kohlenhydrate; 1 g Ballaststoffe; 85 mg Cholesterin

Frühlingszwiebeln, gemahlenen Koriander, Koriandergrün, Chilisauce, Zitronensaft, Fleisch mischen.

Mit feuchten Händen aus der Fleischmasse gleich große Bällchen formen.

Die Bällchen im heißen Öl rundherum anbraten, bis sie gebräunt sind.

Teigtäschchen mit Hähnchencurry

VORBEREITUNGSZEIT: 1 STUNDE 30 MINUTEN + 30 MINUTEN KÜHLZEIT | GARZEIT: 30–45 MINUTEN | FÜR 36 STÜCK

2 EL Öl
400 g gehacktes Hähnchenfleisch
2 Knoblauchzehen, zerdrückt
3 Korianderwurzeln, fein gehackt
2 TL gemahlene Kurkuma
1½ TL gemahlener Kreuzkümmel
3 TL gemahlener Koriander
1 kleine Kartoffel, geschält und sehr fein gewürfelt
1 EL gehacktes Koriandergrün (Blätter und Stängel)
3 TL brauner Zucker
2 kleine rote Chilischoten, fein gehackt
60 ml Fischsauce
1 EL Limettensaft
Öl zum Frittieren
Chilisauce zum Servieren
schwarzer Pfeffer aus der Mühle

TEIG
200 g Mehl
90 g Reismehl oder Speisestärke
½ TL Salz
60 g Butter
125 ml Kokosmilch
Pfeffer aus der Mühle

NÄHRWERTE PRO PERSON (BEI 6) ETWA
80 kcal; 4 g Eiweiß; 4 g Fett; 7 g Kohlenhydrate; 1 g Ballaststoffe; 10 mg Cholesterin

1 Das Öl im Wok oder in einer hohen Pfanne erhitzen. Das Hähnchenfleisch darin bei mittlerer Hitze 3 Minuten braten, dabei eventuelle Klümpchen zerdrücken. Knoblauch, Zwiebel, Korianderwurzeln, Gewürze und Kartoffel dazugeben. Bei mittlerer Hitze 5 Minuten unter Rühren braten, bis alles gar ist.

2 Koriandergrün, Zucker, schwarzen Pfeffer, Chilis, Fischsauce und Limettensaft dazugeben. Unter Rühren braten, bis fast die gesamte Flüssigkeit verdampft ist; vom Herd nehmen und abkühlen lassen.

3 Für den Teig das Mehl mit Salz und Pfeffer in eine Schüssel sieben und mit der Butter zu feinen Bröseln verkneten. Eine Mulde in die Mitte drücken, Kokosmilch dazugießen und alles mit einem Messer zu einem Teig verarbeiten. Teig in Frischhaltefolie wickeln und für 30 Minuten kühl stellen.

4 Den Teig halbieren. Eine Hälfte auf etwas Mehl 3 mm dick ausrollen und 8 cm große Kreise ausstechen. Auf jeden Kreis 2 TL Füllung setzen, die Teigränder mit Wasser bepinseln und die Kreise zu Halbkreisen falten. Die Ränder fest zusammendrücken. Den gesamten Teig und die Füllung so verarbeiten.

5 Eine große hohe Pfanne zur Hälfte mit Öl füllen; das Öl erhitzen. Die Teigtäschchen darin portionsweise frittieren, bis sie aufgegangen und gebräunt sind. Mit einem Schaumlöffel herausheben und auf Küchenpapier abtropfen lassen. Mit Chilisauce servieren.

Alle Zutaten für die Füllung im Wok unter Rühren braten, bis fast alle Flüssigkeit verdampft ist.

Kokosmilch zu den Teigstreuseln gießen; alles mit einem Messer zu einem glatten Teig verarbeiten.

Den Teig über die Füllung klappen; die Teigränder mit den Fingern zusammendrücken.

Yakitori – Grillspieße auf japanische Art

VORBEREITUNGSZEIT: 20 MINUTEN + RUHEZEIT | GARZEIT: 10 MINUTEN | FÜR 25 STÜCK

1 kg ausgelöste Hähnchenschenkel ohne Haut
125 ml Sake (japanischer Reiswein)
200 ml Shoyu (japanische Sojasauce)
125 ml Mirin (süßer japanischer Reiswein)
2 EL Zucker
10 Frühlingszwiebeln, schräg in 2 cm lange Stücke geschnitten

1 25 Holzspieße für etwa 20 Minuten in Wasser einweichen, damit sie beim Grillen nicht verbrennen.

2 Das Hähnchenfleisch in mundgerechte Stücke schneiden. Sake, Shoyu, Mirin und Zucker in einem kleinen Topf verrühren. Aufkochen lassen, dann vom Herd nehmen.

3 Fleisch- und Frühlingszwiebelstücke abwechselnd auf die Spieße stecken. Die Spieße auf ein mit Backpapier belegtes Backblech legen und unter dem heißen Backofengrill 7–8 Minuten grillen, dabei immer wieder mit der Würzsauce bestreichen und wenden. Mit ein paar Frühlingszwiebeln garnieren; sofort servieren.

HINWEIS: *In Japan serviert man dieses Gericht gern als Snack mit Bier. Mit Reis und Gemüse wird daraus ein Hauptgericht.*

Das Hähnchenfleisch mit einem scharfen Messer in mundgerechte Stücke schneiden.

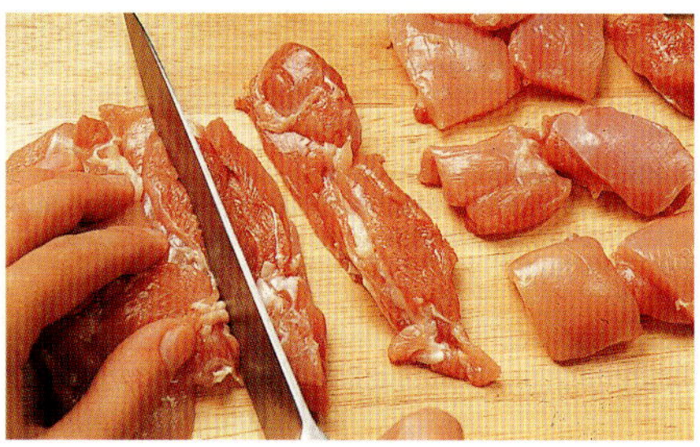

Hähnchenfleisch und Frühlingszwiebeln abwechselnd auf die Spieße stecken.

NÄHRWERTE PRO SPIESS ETWA
65 kcal; 10 g Eiweiß; 1 g Fett; 3 g Kohlenhydrate; 0 g Ballaststoffe; 20 mg Cholesterin

Hähnchen-Zitronengrasspieße

VORBEREITUNGSZEIT: 20 MINUTEN + 12 STUNDEN MARINIERZEIT | GARZEIT: 15–20 MINUTEN | FÜR 4 PERSONEN

400 g Hähnchenfleisch (am besten von den Schenkeln)
1½ EL brauner Zucker
1½ EL Limettensaft
2 TL grüne Currypaste
18 Kaffirlimettenblätter
2 Stängel Zitronengras

MANGO-SALSA
1 kleine Mango, fein gewürfelt
1 TL abgeriebene Limettenschale
2 TL Limettensaft
1 TL brauner Zucker
½ TL Fischsauce

1 Das Hähnchenfleisch von sichtbarem Fett befreien und in Streifen schneiden. Zucker, Limettensaft, Currypaste und 2 fein zerkleinerte Limettenblätter in einer Schale mischen. Das Fleisch hineinlegen und darin wenden. Zudecken und für mehrere Stunden, am besten über Nacht, in den Kühlschrank stellen.

2 Für die Mango-Salsa alle Zutaten in einer Schüssel mischen.

3 Jeden Zitronengrasstängel längs vierteln. Die restlichen Kaffirlimettenblätter einschneiden und je 1 Blatt auf einen geviertelten Stängel stecken, anschließend das Hähnchenfleisch daraufstecken und noch 1 Kaffirlimettenblatt.

4 Den Backofengrill vorheizen oder eine Grillpfanne bei mittlerer Hitze heiß werden lassen. Die Spieße darauf 10 Minuten braten, dabei öfter wenden, bis das Fleisch schön gebräunt und gar ist. Mit der Mango-Salsa servieren.

Jeden Stängel Zitronengras längs in vier Stücke schneiden.

Auf jeden geviertelten Stängel 1 Kaffirlimettenblatt, dann Fleisch und noch 1 Kaffirlimettenblatt stecken.

NÄHRWERTE PRO PERSON ETWA
170 kcal; 25 g Eiweiß; 3 g Fett; 15 g Kohlenhydrate; 1 g Ballaststoffe; 50 mg Cholesterin

Tortillas mit Hähnchenfrikadellen und Limetten-Hummus

VORBEREITUNGSZEIT: 45 MINUTEN + 30 MINUTEN RUHEZEIT | GARZEIT: 10–15 MINUTEN | FÜR 4 PERSONEN

500 g gehacktes Hähnchenfleisch
1 rote Zwiebel, fein gewürfelt
3 Knoblauchzehen, zerdrückt
2 EL gehackte Minzeblätter, mehr ganze Blätter zum Anrichten
2 EL gehackte Petersilie
2 EL Limettensaft
2 Eier
150 g frische Weißbrotkrumen
2 TL gekörnte Instant-Hühnerbrühe
150 g Semmelbrösel
Öl zum Braten
4 große Soft-Tortillas
Salatblätter zum Servieren
das Fruchtfleisch von 1 großen reifen Avocado, in Schnitze geschnitten
Salz und Pfeffer aus der Mühle

LIMETTEN-HUMMUS
300 g Kichererbsen (aus der Dose), abgegossen und abgespült
2–3 EL Tahin (Sesammus)
2 TL geröstetes Sesamöl
2 Knoblauchzehen, zerdrückt
60 ml Limettensaft
1 TL fein gehackte Minzeblätter
½ TL süßes Paprikapulver
Salz und Pfeffer aus der Mühle

1 Hähnchenfleisch mit Zwiebel, Knoblauch, Kräutern, Limettensaft, 1 Ei, Brotkrumen, gekörnter Brühe und Pfeffer in eine Schüssel geben. Alles mit den Händen gut verkneten. Aus je 2 EL Fleischmasse eine Frikadelle formen. Das zweite Ei in einem tiefen Teller verquirlen. Die Frikadellen zuerst darin und dann in den Semmelbröseln wenden; die Brösel dabei etwas andrücken.

2 Die Frikadellen auf einen Teller legen, abdecken und für 30 Minuten in den Kühlschrank stellen. Kurz vor dem Servieren in heißem Öl auf jeder Seite in 2–3 Minuten knusprig braten, bis die Frikadellen durchgegart sind. Auf Küchenpapier entfetten.

3 Für den Hummus die Kichererbsen mit Tahin, Sesamöl, Knoblauch, Limettensaft sowie etwas Salz und Pfeffer in der Küchenmaschine zu einer glatten, dicken Paste verarbeiten. Minzeblätter und Paprikapulver unterrühren.

4 Zum Servieren die Tortillas unter dem heißen Backofengrill oder in einer trockenen Pfanne auf beiden Seiten leicht rösten. Salatblätter, Hähnchenfrikadellen und Avocadoschnitze auf den Tortillas verteilen. Mit Minze bestreuen und mit dem Hummus servieren.

NÄHRWERTE PRO PERSON ETWA
550 kcal; 23 g Eiweiß; 20 g Fett; 60 g Kohlenhydrate; 8 g Ballaststoffe; 15 mg Cholesterin

Die Frikadellen zuerst im verquirlten Ei, dann in den Semmelbröseln wenden.

Auf jeder Seite 2–3 Minuten braten, bis die Frikadellen goldbraun und gar sind.

Für das Hummus Kichererbsen mit Tahin, Öl, Knoblauch, Limettensaft, Salz und Pfeffer pürieren.

Würzige Hühnerpastetchen

VORBEREITUNGSZEIT: 30 MINUTEN | GARZEIT: 30 MINUTEN | FÜR 20 STÜCK

2 EL Öl
1 kleine Zwiebel, fein gewürfelt
1 Knoblauchzehe, zerdrückt
½ TL gemahlener Koriander
½ TL gemahlener Kreuzkümmel
¼ TL gemahlene Kurkuma
¼ TL Chilipulver
300 g gehacktes Hähnchenfleisch
50 g TK-Erbsen
1 EL frisch gehacktes Koriandergrün
2 Rollen gekühlter Blätterteig (je 275 g)
1 Ei, leicht verquirlt
Salz

1 Den Backofen auf 180 °C vorheizen. Ein Backblech mit Backpapier belegen. In einer schweren Pfanne das Öl erhitzen. Zwiebel und Knoblauch darin bei mittlerer Hitze 2 Minuten braten. Die Gewürze dazugeben und alles 1 Minute unter Rühren braten.

2 Das Hähnchenfleisch dazugeben und 10 Minuten mitbraten, dabei öfter wenden, bis alle Flüssigkeit verdampft ist. Erbsen und Koriandergrün untermischen, das Ganze mit Salz abschmecken. Vom Herd nehmen und die Mischung abkühlen lassen.

3 Aus dem Blätterteig 20 Kreise von je etwa 10 cm Ø ausstechen. Auf jeden Kreis 1 EL Füllung setzen. Den Teig zusammenklappen und die Ränder mit kleinen Falten verschließen. Auf das Blech legen und mit verquirltem Ei bepinseln. Die Pastetchen im heißen Ofen in 15 Minuten goldbraun backen.

HINWEIS: *Die Pastetchen können Sie füllen und für ein paar Stunden zugedeckt in den Kühlschrank stellen. Erst kurz vor dem Servieren backen – warm schmecken sie am besten.*

Erbsen, Koriandergrün und Salz unter das gewürzte Hähnchenfleisch mischen.

Teig über die Füllung klappen; Teigränder mit Falten verschließen und die Taschen mit Ei bepinseln.

NÄHRWERTE PRO STÜCK ETWA
195 kcal; 6 g Eiweiß; 12 g Fett; 15 g Kohlenhydrate; 1 g Ballaststoffe; 25 mg Cholesterin

Teigbeutel mit Hähnchenfüllung

VORBEREITUNGSZEIT: 30 MINUTEN + 30 MINUTEN RUHEZEIT | GARZEIT: 1 STUNDE | FÜR 10 STÜCK

125 g Mehl
1 Ei
1 Eigelb
300 ml Milch
50 g zerlassene Butter
Butter zum Fetten

FÜLLUNG
60 g Butter
1 rote Zwiebel, gewürfelt
1–2 TL Currypulver
2 EL Mehl
300 ml Milch
60 g Sahne
1 gegartes Hähnchenbrustfilet, fein gewürfelt
1 kleine Handvoll gehackte Petersilie
2 hart gekochte Eier, gewürfelt

1 Mehl mit Ei, Eigelb und 150 ml Milch in einer Schüssel verrühren. Restliche Milch (150 ml) und 1 EL zerlassene Butter dazugeben und alles zu einem glatten Teig verquirlen. Teig zudecken und für 30 Minuten quellen lassen.

2 Für die Füllung die Butter in einer Pfanne bei mittlerer Hitze zerlassen, die Zwiebel darin weich braten. Currypulver und Mehl 1 Minute mitbraten. Unter Rühren langsam die Milch dazugießen. Aufkochen und die Sauce eindicken lassen. Vom Herd nehmen. Sahne, Hähnchenfleisch, Petersilie und Eier unterrühren.

3 Eine beschichtete Pfanne fetten. 60 ml Teig durch Schwenken darin verteilen. Überschüssigen Teig zurückgießen. Die Crêpe etwa 30 Sekunden braten, dann wenden und hellbraun braten. Falls nötig, noch etwas Milch zum Teig geben. 10 Crêpes braten. Backofen auf 180 °C vorheizen. Auf jede Crêpe etwa 3 EL Füllung setzen, die Crêpe zu einem Beutel zusammenfassen. Mit Küchengarn verschließen. Eine ofenfeste Form fetten, die Säckchen hineinsetzen. Mit Butter bepinseln und 10 Minuten backen.

NÄHRWERTE PRO STÜCK ETWA
275 kcal; 13 g Eiweiß; 19 g Fett; 14 g Kohlenhydrate; 2 g Ballaststoffe; 125 mg Cholesterin

Die Crêpe mit einem Pfannenwender umdrehen und auf der anderen Seite braten.

In die Mitte von jeder Crêpe 3 EL Hähnchenfüllung setzen.

Hähnchenspieße mit Erdnusssauce

VORBEREITUNGSZEIT: 40 MINUTEN + 30 MINUTEN MARINIERZEIT | GARZEIT: 15–20 MINUTEN | FÜR 4 PERSONEN

500 g Hähnchenfleisch
1 Zwiebel, grob gewürfelt
2 Stängel Zitronengras, nur das Weiße, in feine Ringe geschnitten
4 Knoblauchzehen
2 rote Chilischoten, gehackt
2 TL gemahlener Koriander
1 TL gemahlener Kreuzkümmel
1 EL Sojasauce
60 ml Öl
1 EL brauner Zucker
Gurkenstücke zum Servieren
geröstete gehackte Erdnusskerne zum Servieren

ERDNUSSSAUCE

125 g stückige Erdnusscreme
250 ml Kokosmilch
1–2 EL süße Chilisauce
1 EL Sojasauce
2 TL Zitronensaft

1 20 Holzspieße für 20 Minuten in kaltem Wasser einweichen, damit sie beim Grillen nicht verbrennen. Das Hähnchenfleisch in lange schmale Streifen schneiden. Auf jeden Spieß einen Fleischstreifen fädeln.

2 Zwiebel, Zitronengras, Knoblauch, Chili, Koriander, Kreuzkümmel und Sojasauce in der Küchenmaschine in kurzen Intervallen pürieren, dabei etwas Öl dazugeben. Die entstandene Marinade über das Fleisch gießen, das Fleisch zudecken und 30 Minuten kühl stellen.

3 Für die Erdnusssauce alle Zutaten mit 125 ml Wasser in eine schwere Pfanne geben. Die Mischung bei schwacher Hitze unter Rühren zum Kochen bringen. Vom Herd nehmen; die Sauce dickt beim Abkühlen ein.

4 Den Backofengrill vorheizen oder eine Grillplatte bzw. eine Grillpfanne stark erhitzen und fetten. Die Spieße portionsweise 2–3 Minuten auf jeder Seite grillen, dabei mit etwas von dem restlichen Öl bestreichen und mit Zucker bestreuen – so karamellisieren sie schön. Mit Gurke und Erdnüssen servieren. Die Erdnusssauce zum Dippen dazu servieren.

NÄHRWERTE PRO PERSON ETWA
620 kcal; 40 g Eiweiß; 45 g Fett; 14 g Kohlenhydrate; 6 g Ballaststoffe; 60 mg Cholesterin

Je einen Streifen Hähnchenfleisch im Zickzack auf die Spieße stecken.

Etwas Öl zur Zitronengras-Mischung geben, damit sie sich leichter pürieren lässt.

Während des Grillens die Spieße mit Öl bestreichen und mit Zucker bestreuen.

Asia-Hähnchen im Salatblatt

VORBEREITUNGSZEIT: 1 STUNDE + 30 MINUTEN | GARZEIT: 10 MINUTEN | FÜR 4 PERSONEN

8 getrocknete Mu-Err-Pilze
1 kleiner Kopf Eisbergsalat, gut gekühlt
500 g gehacktes Hähnchenfleisch
1 EL Sojasauce
40 g Pinienkerne
1 EL Öl
1 TL Knoblauch, fein gehackt
4 Frühlingszwiebeln, fein geschnitten
10 Wasserkastanien (aus dem Glas), gewürfelt

SAUCE
3 TL Zucker
1 EL Bohnenpaste
3 TL Speisestärke
1 EL Austernsauce
125 ml Hühnerbrühe oder Wasser

1 Die Pilze für 30 Minuten in heißem Wasser einweichen. Abgießen und gut ausdrücken. Die Stiele entfernen und die Kappen in dünne Streifen schneiden.

2 Das Hähnchenfleisch in einer Schüssel mit der Sojasauce mischen. Den Wok erhitzen, die Pinienkerne darin bei mittlerer Hitze rösten. Öl und Knoblauch dazugeben und den Knoblauch goldgelb braten. Das Hähnchenfleisch hinzufügen und bei starker Hitze 5 Minuten unter Rühren mitbraten, eventuelle Klümpchen dabei zerdrücken. Frühlingszwiebeln, Pilzstreifen und Wasserkastanien dazugeben und alles noch 1 Minute braten.

3 Für die Sauce alle Zutaten verrühren, bis sich Zucker und Stärke aufgelöst haben. Auf die Hähnchenmischung in der Pfanne gießen und unter Rühren braten. Wenn die Sauce kocht und dicker wird, die Pinienkerne darüberstreuen.

4 Die Salatblätter vom Kopf lösen, waschen und mit den Öffnungen nach oben auf Teller setzen. Das Hähnchenfleisch auf die Salatblätter verteilen. Sofort servieren. Die gefüllten Blätter werden aus der Hand gegessen.

NÄHRWERTE PRO PERSON ETWA
325 kcal; 32 g Eiweiß; 20 g Fett; 70 g Kohlenhydrate; 3 g Ballaststoffe; 65 mg Cholesterin

Frühlingszwiebeln, Pilze und Wasserkastanien zum Hähnchenfleisch in die Pfanne geben.

Vom Eisbergsalat vorsichtig die einzelnen Blätter ablösen.

Hähnchenspieße auf indische Art

VORBEREITUNGSZEIT: 30 MINUTEN + 12 STUNDEN MARINIERZEIT | GARZEIT: 16 MINUTEN | FÜR 10 STÜCK

¼ Zwiebel, grob zerkleinert
2 Knoblauchzehen, zerdrückt
1 EL geriebener frischer Ingwer
2 EL Zitronensaft
1 TL abgeriebene Zitronenschale
3 TL gemahlener Koriander
3 TL gemahlener Kreuzkümmel
3 TL Garam Masala
1 TL Salz
100 g Joghurt
750 g Hähnchenschenkelfleisch, in mundgerechte Würfel geschnitten

1 10 Holzspieße für 20 Minuten in kaltem Wasser einweichen. Die Zwiebel mit dem Knoblauch, dem Ingwer, dem Zitronensaft, der Zitronenschale und den Gewürzen in der Küchenmaschine fein zerkleinern. Die Mischung mit dem Salz in den Joghurt rühren.

2 Auf jeden Spieß 4–5 Fleischwürfel stecken. Alle Spieße in eine Schale legen. Die Joghurtmarinade darauf verteilen. Die Spieße für mehrere Stunden oder über Nacht im Kühlschrank durchziehen lassen.

3 Die Spieße unter dem heißen Grill oder in einer Grillpfanne auf jeder Seite 3–4 Minuten braten, bis das Fleisch goldbraun ist.

NÄHRWERTE PRO SPIESS ETWA
100 kcal; 15 g Eiweiß; 4 g Fett; 1 g Kohlenhydrate; 0 g Ballaststoffe; 55 mg Cholesterin

Zwiebel, Knoblauch, Zitronensaft, Zitronenschale und Gewürze in der Küchenmaschine zerkleinern.

Auf jeden eingeweichten Holzspieß 4–5 Stück Hähnchenfleisch stecken.

Die Spieße auf jeder Seite 3–4 Minuten braten, bis das Fleisch gar und goldbraun ist.

Salate

Italienischer Nudelsalat mit Hähnchen

VORBEREITUNGSZEIT: 30 MINUTEN + 3 STUNDEN MARINIERZEIT | GARZEIT: 10 MINUTEN | FÜR 6–8 PERSONEN

3 Hähnchenbrustfilets
60 ml Zitronensaft
1 Knoblauchzehe, zerdrückt
100 g roher Schinken in dünnen Scheiben
1 kleine Bio-Salatgurke
2 EL gewürzter Pfeffer (z. B. Pariser Pfeffer oder Kräuter-Pfeffer-Mischung)
2 EL Olivenöl
150 g gegarte Penne
100 g getrocknete Tomaten, in Streifen geschnitten
60 g schwarze Oliven, entkernt
100 g Artischockenherzen (aus Glas oder Dose), halbiert
gehobelter Parmesan zum Bestreuen

BASILIKUMDRESSING
80 ml Olivenöl
1 EL Weißweinessig
¼ TL gewürzter Pfeffer
1 TL Dijonsenf
3 TL Speisestärke
175 g Sahne
10 Basilikumblätter, in Streifen geschnitten
Salz

1 Das Hähnchenfleisch mit einem schweren Topf flach drücken und in eine Schale legen. Den Zitronensaft mit dem Knoblauch verrühren. Das Fleisch mit der Mischung begießen und zugedeckt für mindestens 3 Stunden in den Kühlschrank stellen.

2 Den Schinken in Streifen schneiden. Die Gurke längs halbieren und in Scheiben schneiden. Das Hähnchenfleisch abtropfen lassen und im Pfeffer wälzen. Das Öl in einer großen schweren Pfanne erhitzen. Die Hähnchenbrüste darin auf jeder Seite in etwa 4 Minuten durchbraten. Abkühlen lassen und in Streifen schneiden.

3 Für das Dressing das Öl mit Essig, Pfeffer und Senf in einem Topf verrühren. Die Speisestärke mit 80 ml Wasser glatt rühren und in den Topf gießen. Bei mittlerer Hitze rühren, bis die Sauce kocht und dick wird. Die Sahne dazugießen und die Sauce mit Salz abschmecken. Unter Rühren nochmals erwärmen. Das Basilikum untermischen.

4 Nudeln, Hähnchenfleisch, Gurke, Schinken, Tomaten, Oliven und Artischocken in einer großen Schüssel mischen. Das Dressing behutsam darunterheben. Den Salat mit Parmesan bestreuen; warm oder kalt servieren.

NÄHRWERTE PRO PERSON (BEI 8) ETWA
495 kcal; 22 g Eiweiß; 28 g Fett; 38 g Kohlenhydrate; 4 g Ballaststoffe; 65 mg Cholesterin

Die Gurke längs halbieren und die Hälften in Scheiben schneiden.

Hähnchenfleisch hellbraun braten, abkühlen lassen und in Stücke schneiden.

Nudeln, Hähnchenfleisch, Gurke, Schinken, Tomate, Oliven und Artischockenherzen mischen.

Salat mit geräucherter Hähnchenbrust

VORBEREITUNGSZEIT: 25 MINUTEN | GARZEIT: 15 MINUTEN | FÜR 4 PERSONEN

KNOBLAUCHCROÛTONS
1 dünnes Baguette
45 g Butter
125 ml Olivenöl
4 Knoblauchzehen, zerdrückt

1 Romanasalat
400 g geräucherte Hähnchenbrust, in mundgerechte Stücke geschnitten
150 g Parmesan, gehobelt

DRESSING
2 Eier
2 Knoblauchzehen, zerdrückt
2 EL Zitronensaft
2 TL Dijonsenf
50 g Sardellenfilets
250 ml Olivenöl
Salz und Pfeffer aus der Mühle

1 Für die Croûtons das Baguette schräg in 1 cm dicke Scheiben schneiden. Butter und Olivenöl in einer großen Pfanne erhitzen. Den Knoblauch dazugeben, dann das Brot darin bei mittlerer Hitze portionsweise braten. Herausnehmen und auf Küchenpapier entfetten.

2 Salatblätter vom Kopf lösen, waschen und trocken tupfen. 4 große Salatblätter beiseitelegen. Restliche Blätter zerzupfen; kühl stellen.

3 Für das Dressing Eier, Knoblauch, Zitronensaft, Senf und Sardellenfilets in der Küchenmaschine cremig schlagen. Bei laufendem Motor das Öl in dünnem Strahl dazulaufen lassen, bis eine dicke Mayonnaise entstanden ist. Mit Salz und Pfeffer abschmecken.

4 Salatstreifen, Fleisch und je die Hälfte von Croûtons und Parmesan in einer Schüssel mit dem Dressing mischen. Auf vier Teller ein großes Salatblätter legen, Salat hineinfüllen. Mit dem Rest von Croûtons und Parmesan bestreuen.

Die geräucherte Hähnchenbrust in mundgerechte Stücke schneiden.

Die Eier mit Knoblauch, Zitronensaft, Senf und Sardellenfilets zu einem glatten Dressing verrühren.

NÄHRWERTE PRO PERSON ETWA
1275 kcal; 45 g Eiweiß; 120 g Fett; 10 g Kohlenhydrate; 2 g Ballaststoffe; 235 mg Cholesterin

Warmer Hähnchensalat

VORBEREITUNGSZEIT: 15 MINUTEN | GARZEIT: 15 MINUTEN | FÜR 4 PERSONEN

2 TL Kreuzkümmelsamen
3 EL Olivenöl
1 rote Zwiebel, in dünne Streifen geschnitten
3 Knoblauchzehen, fein gewürfelt
2 TL fein gehackte rote Chilischoten
1½ TL Paprikapulver, edelsüß
3 Hähnchenbrustfilets, in mundgerechte Stücke geschnitten
2 EL Zitronensaft
2 EL gehacktes Koriandergrün
200 g gemischte Salatblätter
1 Bio-Salatgurke, in dünne Scheiben geschnitten
12 Kalamata-Oliven oder andere schwarze Oliven
Salz und Pfeffer aus der Mühle

1 Die Kreuzkümmelsamen in einer trockenen Pfanne 1–2 Minuten rösten, bis sie duften. Herausnehmen und beiseitestellen. 1 EL Öl in der Pfanne erhitzen und die Zwiebel darin bei mittlerer Hitze glasig dunsten.

2 Knoblauch, Kreuzkümmel, Chilis und Paprikapulver unterrühren und 1 Minute mitbraten. Das Hähnchenfleisch dazugeben und 5 Minuten unter Rühren braten, bis es gar ist.

3 Die Pfanne vom Herd nehmen und etwas abkühlen lassen. Zitronensaft und Koriander unter die Hähnchenmischung rühren; mit Salz und Pfeffer würzen. Salatblätter, Gurke und Oliven auf einer Platte anrichten, mit dem restlichen Olivenöl beträufeln und das Hähnchenfleisch darauf verteilen. Sofort servieren.

Das Hähnchenfleisch in die Pfanne zu Zwiebel und Gewürzen geben.

Sobald der Pfanneninhalt etwas abgekühlt ist, Zitronensaft und Koriander einrühren.

NÄHRWERTE PRO PERSON ETWA
365 kcal; 35 g Eiweiß; 20 g Fett; 10 g Kohlenhydrate; 5 g Ballaststoffe; 105 mg Cholesterin

Chiliwürziger Hähnchensalat

VORBEREITUNGSZEIT: 35 MINUTEN | GARZEIT: 20 MINUTEN | FÜR 4 PERSONEN

1 rote und 1 gelbe Paprikaschote, jeweils in Julienne geschnitten
4 Frühlingszwiebeln, in Julienne geschnitten
1 große Handvoll Minzeblätter
1 große Handvoll Korianderblätter
3 Hähnchenbrustfilets
60 g Mehl
1 EL Chilipulver (Gewürzmischung)
1 EL Zwiebelpulver
1 EL Knoblauchpulver
1 EL feines Meersalz
Öl zum Frittieren

DRESSING
1 EL Zucker
2 EL Zitronensaft
60 ml Reisessig
60 ml Erdnussöl

1 Die Gemüsestreifen mit den Kräutern in eine Schüssel füllen. Für das Dressing alle Zutaten in eine Schüssel geben und gründlich verrühren.

2 Das Hähnchenfleisch in Streifen schneiden. Mehl mit Chili-, Knoblauch- und Zwiebelpulver sowie Salz in einen Gefrierbeutel geben und durchschütteln. Das Fleisch portionsweise in den Beutel geben und mit dem Gewürzmehl mischen. Das Fleisch herausnehmen und überschüssiges Mehl abschütteln.

3 Eine schwere Pfanne zur Hälfte mit Öl füllen und erhitzen. Das Fleisch darin portionsweise goldbraun frittieren. Mit einem Schaumlöffel herausheben und auf Küchenpapier entfetten. Das Fleisch in die Schüssel zum Gemüse geben, alles miteinander mischen. Den Salat sofort servieren.

HINWEIS: *Streichholzdicke Gemüsestreifen werden in der Küchensprache als Julienne bezeichnet.*

NÄHRWERTE PRO PERSON ETWA
410 kcal; 20 g Eiweiß; 30 g Fett; 20 g Kohlenhydrate; 2 g Ballaststoffe; 40 mg Cholesterin

Paprikaschoten und Frühlingszwiebeln in streichholzdicke Streifen (Julienne) schneiden.

Die Hähnchenbrustfilets in lange, dünne Streifen schneiden.

Fleisch zum Mehl in den Gefrierbeutel geben, diesen mit einer Hand verschließen und kräftig schütteln.

Hähnchensalat auf Thai-Art

VORBEREITUNGSZEIT: 20 MINUTEN | GARZEIT: 5 MINUTEN | FÜR 6 PERSONEN

1 Romanasalat
2 EL Öl
1 kg gehacktes Hähnchenfleisch
1 kleine Handvoll Koriandergrün, fein gehackt
1 kleine Handvoll Minzeblätter, fein gehackt
1 rote Zwiebel, in Streifen geschnitten
3 Frühlingszwiebel, gehackt
80 ml Limettensaft
2 EL Sojasauce
2 EL Fischsauce
1 EL süße Chilisauce
2 Knoblauchzehen, zerdrückt
2 TL brauner Zucker
1 EL fein gehacktes Zitronengras, nur das Weiße
40 g geröstete Erdnusskerne

1 Die Salatblätter vom Kopf lösen, waschen, trocken tupfen und auf einer Platte arrangieren.

2 Das Öl in einer großen schweren Pfanne erhitzen. Das Hähnchenfleisch mit 80 ml Wasser dazugeben und bei mittlerer Hitze 5 Minuten braten, dabei Klümpchen mit einer Gabel zerdrücken. Das Fleisch soll nun gar und alle Flüssigkeit verdampft sein.

3 Das Fleisch in eine Schüssel füllen. Koriander, Minze, Zwiebel und Frühlingszwiebeln untermischen.

4 Limettensaft, Sojasauce, Fischsauce, Chilisauce, Knoblauch, Zucker und Zitronengras in einer kleinen Schüssel verrühren. Die Salatsauce über das Hähnchenfleisch gießen und untermischen. Kurz vor dem Servieren die Erdnüsse unter den Salat heben. Den Hähnchensalat auf die Salatblätter verteilen und servieren.

Die Zwiebel in Streifen schneiden. Koriander und Minze fein hacken.

Beim Braten des Hähnchenfleischs lassen sich Klümpchen mit einer Gabel leicht zerdrücken.

NÄHRWERTE PRO PERSON ETWA
280 kcal; 33 g Eiweiß; 14 g Fett; 5 g Kohlenhydrate; 3 g Ballaststoffe; 60 mg Cholesterin

Vietnamesischer Hähnchen-Papaya-Salat

VORBEREITUNGSZEIT: 30 MINUTEN | GARZEIT: 10 MINUTEN | FÜR 4 PERSONEN

2 Hähnchenbrustfilets
2 EL Fischsauce
1 EL Reisessig
1 EL Limettensaft
2 TL Zucker
1 große grüne Papaya
1 große Handvoll Vietnamesischer Koriander
1 Handvoll Korianderblätter
2 rote Chilischoten, entkernt und in dünne Streifen geschnitten
2 EL gehackte geröstete Erdnusskerne

1 Die Hähnchenbrustfilets in einer Pfanne mit Wasser bedecken und bei schwacher Hitze in 10 Minuten garen. Das Wasser dabei nicht kochen lassen, das Fleisch soll nur pochiert werden. Die Filets herausnehmen, ganz abkühlen lassen, dann in dünne Scheiben schneiden.

2 Fischsauce, Essig, Limettensaft und Zucker in eine Schale geben und zu einem Dressing verrühren. Die Papaya mit einem Sparschäler schälen; die Kerne entfernen. Das Fruchtfleisch in dünne Stäbchen schneiden. Diese in einer Schüssel vorsichtig mit den Kräuterblättern und den Chilistreifen mischen.

3 Den Salat auf einer Platte anrichten, das Hähnchenfleisch darauf anrichten und die Erdnüsse darauf verteilen. Den Salat kurz vor dem Servieren mit dem Dressing beträufeln.

HINWEIS: *Grüne Papaya ist die unreife Frucht, die wegen ihrer herben Säure und ihrer festen Konsistenz in Vietnam vorzugsweise für die Zubereitung von Salaten verwendet wird.*

Die Hähnchenbrustfilets in heißem Wasser gar ziehen lassen.

Mit einem sehr scharfen Messer die geschälte Papaya in lange, dünne Streifen schneiden.

NÄHRWERTE PRO PERSON ETWA
170 kcal; 22 g Eiweiß; 6 g Fett; 6 g Kohlenhydrate; 2 g Ballaststoffe; 45 mg Cholesterin

Hähnchensalat mit Brunnenkresse

VORBEREITUNGSZEIT: 40 MINUTEN | GARZEIT: 10–15 MINUTEN | FÜR 4 PERSONEN

3 Hähnchenbrustfilets
1 Bio-Salatgurke
½ rote Paprikaschote
150 g Brunnenkresse
1 kleine Handvoll Minzeblätter
2 EL geröstete Zwiebeln (Fertigprodukt)

DRESSING

60 ml Limettensaft
2 EL Kokosmilch
1 EL Fischsauce
1 EL süße Chilisauce

NÄHRWERTE PRO PERSON ETWA
230 kcal; 40 g Eiweiß; 6 g Fett; 3 g Kohlenhydrate; 3 g Ballaststoffe; 80 mg Cholesterin

1 Einen Bambus-Dämpfkorb mit Backpapier auskleiden und die Hähnchenbrustfilets hineinlegen. In einem Wok wenig Wasser aufkochen lassen, den Dämpfkorb zugedeckt darübersetzen und das Fleisch bei schwacher Hitze in 10 Minuten gar dämpfen. Beiseitestellen und abkühlen lassen.

2 Die Gurke halbieren und in dünne Scheiben schneiden. Die Paprika in dünne Streifen schneiden.

3 Während das Fleisch abkühlt, die Brunnenkresse putzen und die dicken Stängel entfernen. Die Kresse mit den Minzeblättern auf einer Platte arrangieren. Das Hähnchenfleisch in lange, schmale Stücke zupfen, mit Gurke und Paprika in einer Schüssel mischen. Auf das Kräuterbett setzen.

4 Für das Dressing in einem Schälchen alle Zutaten miteinander verrühren.

5 Den Salat mit den gerösteten Zwiebeln bestreuen und mit dem Dressing beträufeln; sofort servieren.

Brunnenkresse putzen, dabei die zarten Zweige mit den Blättern von den Stängeln knipsen.

Das abgekühlte Hähnchenfleisch mit den Fingern in Stücke zupfen.

Orangen-Hähnchen-Salat mit Currydressing

VORBEREITUNGSZEIT: 20 MINUTEN | GARZEIT: 15 MINUTEN | FÜR 4 PERSONEN

1 EL Olivenöl
4 Hähnchenbrustfilets
2 Orangen
1 Kopfsalat
250 g Brunnenkresse, verlesen
1 kleines Bund Schnittlauch

CURRYDRESSING
3 TL Currypulver
2 Frühlingszwiebeln, in dünne Ringe geschnitten
2 EL Olivenöl
2 EL Sonnenblumenöl
1 EL Balsamico-Essig
2 TL brauner Zucker
1 TL gehackte grüne Chilischote
Salz und Pfeffer aus der Mühle

1 Das Öl in einer Pfanne erhitzen. Das Fleisch darin bei mittlerer Hitze auf beiden Seiten 10–15 Minuten braten, bis es gebräunt und gar ist. Abkühlen lassen und quer zur Faser in dicke Streifen schneiden.

2 Für das Dressing das Currypulver in einer trockenen Pfanne anrösten, bis es zu duften beginnt (etwa 1 Minute). In eine kleine Schüssel geben, abkühlen lassen und mit den übrigen Zutaten mischen. Das Dressing mit Salz und Pfeffer abschmecken.

3 Die Orangen so dick schälen, dass auch die weiße Haut mitentfernt wird. Die Orangen filetieren, dabei eventuell vorhandene Kerne entfernen.

4 Salatblätter und Brunnenkresse waschen, trocken schleudern und auf einer großen Platte anrichten. Hähnchenfleisch und Orangenfilets darauf verteilen. Das Dressing durchrühren und über den Salat träufeln. Den Schnittlauch in Stücke schneiden und den Salat damit bestreuen.

Currypulver in einer trockenen Pfanne anrösten, bis es duftet.

Die Orangen vorsichtig filetieren, d. h. die Fruchtsegmente aus den Trennhäuten schneiden.

NÄHRWERTE PRO PERSON ETWA
380 kcal; 25 g Eiweiß; 25 g Fett; 10 g Kohlenhydrate; 2 g Ballaststoffe; 55 mg Cholesterin

Salat vom Tandoori-Hähnchen

VORBEREITUNGSZEIT: 20 MINUTEN + 12 STUNDEN MARINIERZEIT | GARZEIT: 15 MINUTEN | FÜR 4 PERSONEN

4 Hähnchenbrustfilets
2–3 EL Tandooripaste
200 g stichfester Joghurt
1 EL Zitronensaft
1 Handvoll Korianderblätter
60 g Mandelblättchen, geröstet
Erbsensprossen zum Servieren, nach Belieben

GURKEN-JOGHURT-DRESSING
1 kleine Bio-Salatgurke
200 g stichfester Joghurt
1 EL gehackte Minzeblätter
2 TL Zitronensaft
Salz und Pfeffer aus der Mühle

1 Hähnchenbrustfilets in dicke Streifen schneiden. Tandooripaste mit Joghurt und Zitronensaft in einer Schale verrühren. Die Hähnchenstreifen darin wenden und zugedeckt über Nacht im Kühlschrank durchziehen lassen.

2 Für das Dressing die Gurke in eine Schüssel raspeln. Die übrigen Zutaten gründlich untermischen. Mit Salz und Pfeffer abschmecken. Bis zur Verwendung kühl stellen.

3 In einer großen beschichteten Pfanne das Öl erhitzen und das Fleisch portionsweise darin unter häufigem Wenden braten. In einer großen Schüssel abkühlen lassen. Korianderblätter und Mandelblättchen untermischen. Die Hähnchenfleischmischung auf Erbsensprossen anrichten und etwas Dressing daraufgeben. Den Salat mit dem restlichen Dressing servieren.

HINWEIS: *Die Qualität der verwendeten Tandooripaste bestimmt Aussehen und Geschmack des Fleisches. Probieren Sie aus, welche Ihnen am besten schmeckt.*

NÄHRWERTE PRO PERSON ETWA
290 kcal; 35 g Eiweiß; 15 g Fett; 7 g Kohlenhydrate; 2 g Ballaststoffe; 70 mg Cholesterin

Die Tandooripaste mit dem Joghurt und dem Zitronensaft verrühren.

Auf einer Gemüsereibe die ungeschälte, gewaschene Gurke raspeln.

Salat mit rotem Curryhähnchen

VORBEREITUNGSZEIT: 30 MINUTEN + 12 STUNDEN MARINIERZEIT | GARZEIT: 20 MINUTEN | FÜR 4 PERSONEN

500 g Hähnchenfleisch, in dünne Streifen geschnitten
2 TL rote Thai-Currypaste
1 TL gehackte rote Chilischote
1 Knoblauchzehe
1 Stängel Zitronengras, fein gehackt, nur das Weiße
1 EL Öl
1 rote Zwiebel, in dünne Streifen geschnitten
2 Tomaten, in Spalten geschnitten
2 EL gehackte Minzeblätter
4 EL gehackte Korianderblätter
400 g gemischte Salatblätter
2 EL geröstete Erdnusskerne

DRESSING

1½ EL brauner Zucker
2 EL Fischsauce
2 EL Limettensaft
2 Kaffirlimettenblätter, in Streifen geschnitten
2 TL Öl

1 Hähnchenfleisch mit Currypaste, Chili, Knoblauch und Zitronengras in einer Schüssel mischen. Zugedeckt über Nacht in den Kühlschrank stellen.

2 Das Öl in einer beschichteten Pfanne erhitzen und das Fleisch darin portionsweise bei starker Hitze unter Wenden 5–7 Minuten braten, bis es leicht gebräunt und gar ist. Herausnehmen. Die Zwiebel in der Pfanne glasig dünsten. Fleisch, Tomaten und Kräuter hinzufügen und alles unter Rühren erhitzen. Die Mischung lauwarm abkühlen lassen.

3 Für das Dressing alle Zutaten in einer großen Schüssel verrühren. Die Salatblätter mit der Hähnchenmischung zum Dressing geben und alles locker unterheben. Den Salat mit den Nüssen bestreuen.

NÄHRWERTE PRO PERSON ETWA
250 kcal; 25 g Eiweiß; 10 g Fett; 15 g Kohlenhydrate; 3 g Ballaststoffe; 50 mg Cholesterin

Das Fleisch am besten mit den Händen mit den anderen Zutaten gründlich vermischen.

Tomaten und Kräuter unter die Fleischstreifen rühren, bis alles warm ist.

Vietnamesischer Hähnchen-Kraut-Salat

VORBEREITUNGSZEIT: 40 MINUTEN | GARZEIT: 5 MINUTEN | FÜR 4 PERSONEN

4 gegarte Hähnchenbrustfilets
125 g Stangensellerie, in dünne Scheiben geschnitten
2 Möhren, in Julienne geschnitten
75 g Weißkohl, in feine Streifen geschnitten
1 kleine Zwiebel, in Streifen geschnitten
1 kleine Handvoll Koriandergrün
4 EL fein gehackte Minzeblätter

DRESSING

60 g Zucker
1 EL Fischsauce
1 TL zerdrückter Knoblauch
2 EL Weißweinessig
1 rote Chilischote, entkernt und fein gehackt

TOPPING

2 EL Erdnussöl
1½ TL gehackter Knoblauch
50 g geröstete Erdnusskerne, fein gehackt
1 EL Zucker

1 Die gegarten Hähnchenbrustfilets in lange, dünne Streifen schneiden. Mit Sellerie, Möhren, Kohl, Zwiebel und Kräutern in einer Schüssel mischen.

2 Für das Dressing alle Zutaten mit 2 EL Wasser in einer kleinen Schüssel verschlagen, bis der Zucker aufgelöst ist. Das Dressing über die Salatzutaten in der Schüssel gießen und unterheben. Auf einer Platte anrichten.

3 Für das Topping das Öl in einer Pfanne heiß werden lassen. Bei mittlerer Hitze den Knoblauch darin golden braten. Erdnüsse und Zucker unterrühren. Das Topping etwas abkühlen lassen und kurz vor dem Servieren über den Salat streuen.

Das Dressing über den Salat gießen und behutsam unterheben.

Erdnüsse und Zucker zum angebratenen Knoblauch geben.

NÄHRWERTE PRO PERSON ETWA
435 kcal; 50 g Eiweiß; 15 g Fett; 25 g Kohlenhydrate; 3 g Ballaststoffe; 110 mg Cholesterin

Hähnchensalat mit Mango

VORBEREITUNGSZEIT: 20 MINUTEN | GARZEIT: 15 MINUTEN | FÜR 4 PERSONEN

250 ml Kokosmilch
1 EL Fischsauce
1 EL geriebener Palmzucker (siehe INFO)
4 Hähnchenbrustfilets
Fruchtfleisch von 2 Mangos, in dünne Spalten geschnitten
4 Frühlingszwiebeln, in dünne Ringe geschnitten
45 g Macadamianusskerne, grob gehackt und geröstet

DRESSING
2 EL Öl
1 TL fein abgeriebene Limettenschale
2 EL Limettensaft
Salz und Pfeffer aus der Mühle

1 Kokosmilch, Fischsauce und Palmzucker in einer Pfanne unter Rühren aufkochen lassen. Hähnchenbrustfilets dazugeben und zugedeckt bei schwacher Hitze in 10 Minuten garen. In der Kokosmilch abkühlen lassen; herausnehmen. Die Kokosmilch in eine Schüssel gießen.

2 Für das Dressing 125 ml gekochte Kokosmilch mit Öl, Limettenschale und Limettensaft in einer Schüssel verquirlen. Mit Salz und frisch gemahlenem schwarzem Pfeffer würzen.

3 Jedes Hähnchenbrustfilet schräg in Streifen schneiden. Die Streifen mit den Mangospalten auf Tellern anrichten oder in eine Salatschüssel geben. Das Dressing darüberträufeln und den Salat mit Frühlingszwiebeln, Koriander und Nüssen bestreuen.

INFO: *Palmzucker wird aus den Blütensäften verschiedener Palmensorten gewonnen. Er ist u. a. in Blöcken erhältlich, wovon man die gewünschte Menge abreiben kann. Brauner oder weißer Zucker ist ein guter Ersatz.*

NÄHRWERTE PRO PERSON
465 kcal; 30 g Eiweiß; 35 g Fett; 15 g Kohlenhydrate; 2 g Ballaststoffe; 55 mg Cholesterin

Das Mangofruchtfleisch in dünne Spalten schneiden, dann vorsichtig die Schale abschneiden.

Die Hähnchenbrustfilets quer zur Faser in dünne Scheiben schneiden.

Hähnchensalat mit Garnelen und Grapefruit

VORBEREITUNGSZEIT: 20 MINUTEN | GARZEIT: KEINE | FÜR 4–6 PERSONEN

1 kleine rosa oder gelbe Grapefruit
1 Orange
½ kleine grüne Papaya oder Mango (etwa 100 g)
6 gegarte Garnelen, geschält und entdarmt
2 Eiertomaten, gewürfelt
125 g gegartes Hähnchenfleisch, zerzupft oder in mundgerechte Stücke geschnitten
4 Frühlingszwiebeln, in Ringe geschnitten
2 Knoblauchzehen, in Scheiben geschnitten
2 EL gehacktes Koriandergrün
1 EL Kokosrapsel
Salatblätter zum Anrichten
1 EL ungesalzene Erdnusskerne, geröstet und fein gehackt
schwarzer Pfeffer aus der Mühle

DRESSING
2 EL brauner Zucker
1½ EL Fischsauce
2 EL Limettensaft
2 TL Chilisauce

1 Die Grapefruit und die Orange so dick schälen, dass die weiße Haut mitentfernt wird. Die Segmente zwischen den Trennwänden herauslösen. Papaya oder Mango schälen und in lange, dünne Streifen schneiden.

2 Grapefruit, Orange, Papaya, Garnelen, Tomaten, Hähnchenfleisch, Frühlingszwiebeln, Knoblauch, Koriander und Kokosraspel in einer Schüssel mischen.

3 Für das Dressing alle Zutaten in einer Schüssel verrühren, bis sich der Zucker aufgelöst hat. Das Dressing über die Hähnchenfleischmischung gießen und unterheben.
Den Salat auf Salatblättern anrichten und mit Erdnüssen und Pfeffer bestreuen.

NÄHRWERTE PRO PERSON (BEI 6) ETWA
100 kcal; 10 g Eiweiß; 2 g Fett; 9 g Kohlenhydrate; 3 g Ballaststoffe; 35 mg Cholesterin

Die Fruchtsegmente zwischen den Trennwänden aus der Grapefruit schneiden.

Mit einem scharfen Messer die geschälte Papaya in lange, hauchdünne Streifen schneiden.

Saftiger Nudelsalat mit Hähnchen

VORBEREITUNGSZEIT: 30 MINUTEN | GARZEIT: 25 MINUTEN | FÜR 4 PERSONEN

1 Hähnchenbrustfilet
375 ml Hühnerbrühe
350 g Nudeln (z. B. Fusilli)
150 g grüner Spargel, geputzt und in kurze Stücke geschnitten
150 g Gruyère Käse, gerieben
2 Frühlingszwiebeln, in dünne Ringe geschnitten
Salz

DRESSING
60 ml Olivenöl
60 ml Zitronensaft
½ TL Zucker
Salz und Pfeffer aus der Mühle

1 Die Hähnchenbrust mit der Brühe in einen Topf geben. Aufkochen lassen und bei schwacher Hitze in 8 Minuten gar kochen, dabei öfter wenden. Aus der Brühe nehmen, etwas abkühlen lassen und in dünne Scheiben schneiden.

2 Die Nudeln in kochendem Salzwasser nach Packungsangabe bissfest garen. Abgießen und abkühlen lassen.

3 Den Spargel in kochendem Wasser in etwa 2 Minuten bissfest garen. Abgießen und mit kaltem Wasser abschrecken. Gut abtropfen lassen und in einer Schüssel mit dem Hähnchenfleisch, dem Käse und den Frühlingszwiebeln mischen.

4 Für das Dressing alle Zutaten mischen. Das Dressing mit Salz und Pfeffer abschmecken, über den Salat gießen und unterheben.

Das Hähnchenfleisch in der Brühe bei schwacher Hitze pochieren, dabei immer wieder wenden.

Die Spargelstücke in einem kleinen Topf bei schwacher Hitze bissfest garen.

NÄHRWERTE PRO PERSON ETWA
665 kcal; 40 g Eiweiß; 30 g Fett; 60 g Kohlenhydrate; 5 g Ballaststoffe; 70 mg Cholesterin

Hähnchensalat mit Zuckererbsen

VORBEREITUNGSZEIT: 30 MINUTEN | GARZEIT: 15 MINUTEN | FÜR 6 PERSONEN

150 g Zuckererbsen, geputzt
je 1 EL Öl und Butter
4 Hähnchenbrustfilets
1 Möhre, in Julienne geschnitten
2 Stangen Sellerie, in Julienne geschnitten
3 Frühlingszwiebeln, in Julienne geschnitten
150 g Champignons, in Scheiben geschnitten
2 EL gehackte glatte Petersilie
1 EL gehackter Estragon
150 g Brunnenkresse oder junger Blattspinat
2 EL Mandeln, gehackt
Salz und Pfeffer aus der Mühle

DRESSING
60 ml Olivenöl
1 EL Weißweinessig
½ TL Zucker
60 g Mayonnaise
2 EL saure Sahne
1 EL Senf

1 Die Zuckererbsen in sprudelnd kochendem Wasser kurz garen – sie sollen danach noch bissfest sein. Kalt abschrecken und abtropfen lassen. In dünne Streifen schneiden.

2 Öl und Butter in einer Pfanne erhitzen. Die Hähnchenbrustfilets darin auf jeder Seite 7 Minuten braten, bis sie gebräunt und gar sind. Aus der Pfanne nehmen und auf Küchenpapier abtropfen lassen; das Fleisch in dünne Streifen schneiden. Möhre, Sellerie, Zuckererbsen, Hähnchenfleisch, Sellerie, Frühlingszwiebeln, Pilze, Petersilie und Estragon in einer Schüssel mischen; mit Salz und Pfeffer kräftig würzen.

3 Für das Dressing Öl, Essig und Zucker verrühren und mit Salz und Pfeffer würzen. Mayonnaise, saure Sahne und Senf darunterschlagen. Die Brunnenkresse auf Teller verteilen, den Hähnchensalat darauf anrichten, mit Dressing beträufeln und mit Mandeln bestreuen.

NÄHRWERTE PRO PERSON ETWA
335 kcal; 20 g Eiweiß; 25 g Fett; 5 g Kohlenhydrate; 4 g Ballaststoffe; 60 mg Cholesterin

Mit einem Messer die Stiele von den Champignons entfernen, die Hüte in dünne Scheiben schneiden.

Mayonnaise, saure Sahne und Senf gründlich unter die Essig-Öl-Mischung rühren.

Suppen

Hühnersuppe mit Gemüse

VORBEREITUNGSZEIT: 1 STUNDE + 30 MINUTEN KÜHLZEIT | GARZEIT: 1 STUNDE 25 MINUTEN | FÜR 6–8 PERSONEN

1 Hähnchen (1,5 kg)
4 Möhren, 2 davon grob gewürfelt, die restlichen in Julienne geschnitten
5 Stangen Sellerie, 2 davon grob gewürfelt, die restlichen in Julienne geschnitten
1 Zwiebel, in Viertel geschnitten
3 Stängel krause Petersilie
2 Lorbeerblätter
2 TL Salz
4 Pfefferkörner
50 g Butter
2 EL Mehl
2 Kartoffeln, gewürfelt
250 g Kürbis (am besten Butternuss), entkernt und in mundgerechte Stücke geschnitten
1 Stange Lauch, in feine Ringe geschnitten
100 g grüne Bohnen, in kurzen Stücken
100 g Zuckerschoten
200 g Brokkoli, in Röschen geteilt
50 g Blattspinat, in Stücke gezupft
125 g Sahne
4 EL gehackte Petersilie
Salz und Pfeffer aus der Mühle

NÄHRWERTE PRO PERSON (BEI 8) ETWA
400 kcal; 50 g Eiweiß; 15 g Fett; 15 g Kohlenhydrate; 6 g Ballaststoffe; 130 mg Cholesterin

1 Das Hähnchen in einen großen Topf legen, Möhren- und Selleriewürfel sowie Zwiebel, Petersilie, Lorbeerblätter, Salz und die Pfefferkörner dazugeben. 3 l Wasser angießen. Aufkochen und bei mittlerer Hitze 1 Stunde schwach kochen lassen. Hin und wieder den Schaum von der Oberfläche abnehmen. Mindestens 30 Minuten abkühlen lassen. Die Brühe durch ein Sieb in einen Topf gießen, das aufgefangene Gemüse wegwerfen.

2 Das Hähnchen etwas abkühlen lassen, dann häuten. Das Fleisch von den Knochen lösen und klein schneiden. Zugedeckt beiseitestellen.

3 Die Butter in einem großen Topf aufschäumen lassen, das Mehl unter Rühren darin 1 Minute anschwitzen. Topf vom Herd nehmen; die Brühe portionsweise einrühren. Unter ständigem Rühren zum Kochen bringen. Kartoffelwürfel, Kürbisstücke und die Möhrenjulienne dazugeben; alles 7 Minuten köcheln lassen. Lauch, Selleriejulienne und Bohnen hinzufügen und 5 Minuten mitköcheln lassen. Die Zuckerschoten putzen und mit den Brokkoliröschen untermischen; alles noch 3 Minuten bei schwacher Hitze köcheln lassen.

4 Kurz vor dem Servieren Hähnchenfleisch, Spinat und Sahne zur Suppe geben. Bei schwacher Hitze rühren, bis der Spinat zusammengefallen ist und die Suppe heiß ist. Mit Salz und schwarzem Pfeffer abschmecken. Mit Petersilie bestreuen und servieren.

Von den Zuckerschoten die Enden abschneiden und dabei die Schoten entfädeln.

Petersilienstängel und Lorbeerblätter zu Hähnchen und Gemüse in den Topf geben.

Die Sahne hinzufügen und rühren, bis der Spinat gerade zusammengefallen ist.

Hühnersuppe mit Nudeln

VORBEREITUNGSZEIT: 15 MINUTEN + 1 STUNDE KÜHLZEIT | GARZEIT: 1 STUNDE 20 MINUTEN | FÜR 4–6 PERSONEN

1,25 kg Hähnchenflügel
2 Selleriestangen, fein gewürfelt
1 Möhre, fein gewürfelt
1 Zwiebel, fein gewürfelt
1 Lorbeerblatt
1 Zweig Thymian
4 Stängel Petersilie
1 TL Salz
45 g dünne Suppennudeln
1 Hähnchenbrustfilet, in kleine Würfel geschnitten
Schnittlauch zum Bestreuen

1 Hähnchenflügel abspülen und mit Sellerie, Möhre, Zwiebel, Lorbeerblatt, Thymian, Petersilie, Salz und 2 l Wasser in einen großen Topf geben. Langsam aufkochen lassen, dabei den entstehenden Schaum abschöpfen. Zugedeckt 1 Stunde bei schwacher Hitze köcheln lassen. Durch ein Sieb in einen Topf gießen, Hähnchenflügel und Gemüse wegwerfen.

2 Die Brühe abkühlen lassen und zugedeckt 1 Stunde in den Kühlschrank stellen. Anschließend das Fett, das sich an der Oberfläche abgesetzt hat, mit einem Löffel abnehmen.

3 Die Brühe zum Kochen bringen. Längere Nudeln zerbrechen und mit dem Hähnchenfleisch in die Brühe geben. Die Brühe aufkochen lassen und die Nudeln nach Packungsangabe garen. Die Suppe auf Teller verteilen, mit Schnittlauch bestreuen und sofort servieren.

Mit einem Schaumlöffel den Schaum von der Suppe abnehmen, der beim Kochen entsteht.

Das Fett, das sich auf der kalten Suppe oben abgesetzt hat, mit einem Löffel entfernen.

NÄHRWERTE PRO PERSON (BEI 6) ETWA
290 kcal; 45 g Eiweiß; 8 g Fett; 8 g Kohlenhydrate; 2 g Ballaststoffe; 135 mg Cholesterin

Indische Hühnersuppe

VORBEREITUNGSZEIT: 30 MINUTEN | GARZEIT: 1 STUNDE 20 MINUTEN | FÜR 6 PERSONEN

1 kg Hähnchenteile
2 EL Mehl
2 TL Currypulver
½ TL gemahlener Ingwer
1 TL gemahlene Kurkuma
60 g Butter
1,5 l Hühnerbrühe
12 schwarze Pfefferkörner
6 Knoblauchzehen
1 großer Apfel, geschält, entkernt und gewürfelt
2 EL Zitronensaft
125 g Sahne
gegarter Reis zum Servieren

1 Von den Hähnchenteilen Haut und Fett entfernen. Mehl, Curry, Ingwer und Kurkuma in einer Schüssel mischen; die Hähnchenteile in der Mehlmischung wälzen.

2 Die Butter in einem großen Topf erhitzen und die Hähnchenteile darin rundherum anbraten. Die Brühe angießen. Pfefferkörner und Knoblauch in ein Gewürzsäckchen füllen und in den Topf geben. Alles aufkochen und zugedeckt bei schwacher Hitze 1 Stunde köcheln lassen. Die Apfelwürfel hinzufügen und die Brühe noch 15 Minuten köcheln lassen.

3 Hähnchenteile und Gewürzsäckchen aus der Suppe nehmen. Die Hähnchenteile etwas abkühlen lassen. Die Haut abziehen und das Fleisch von den Knochen lösen; klein schneiden. Von der Brühe das Fett abschöpfen.

4 Das Fleisch in die Brühe geben. Zitronensaft und Sahne einrühren und alles noch einmal erhitzen. Gegarten Reis auf Suppenschalen verteilen und die Suppe darüberschöpfen.

Das Mehl mit Currypulver, Ingwer und Kurkuma in einer Schüssel mischen.

Knoblauch und Pfefferkörner in ein Gewürzsäckchen geben; dieses gut verschließen.

NÄHRWERTE PRO PERSON ETWA
440 kcal; 25 g Eiweiß; 25 g Fett; 10 g Kohlenhydrate; 1 g Ballaststoffe; 130 mg Cholesterin

Laksa – Malaiische Hühnersuppe

VORBEREITUNGSZEIT: 30 MINUTEN | GARZEIT: 25 MINUTEN | FÜR 4 PERSONEN

2 Hähnchenbrustfilets
1 große Zwiebel, grob gehackt
5 cm frischer Ingwer, gehackt
8 cm frischer Galgant, gehackt
1 Stängel Zitronengras, nur das Weiße, grob zerkleinert
2 Knoblauchzehen
1 rote Chilischote, entkernt und gehackt
2 TL Öl
2 EL milde Currypaste
500 ml Hühnerbrühe
60 g dünne Reisnudeln
50 g asiatische Eiernudeln
400 ml Kokosmilch
10 Zuckerschoten, halbiert
3 Frühlingszwiebeln, in feine Ringe geschnitten
100 g Mungobohnensprossen
1 kleine Handvoll Korianderblätter

1 Die Hähnchenbrustfilets in mundgerechte Stücke schneiden. Zwiebel, Ingwer, Galgant, Zitronengras, Knoblauch und Chili im Mixer fein zerkleinern. Das Öl dazugeben und alles zu einer Paste mixen. Die Gewürzpaste mit der Currypaste in den Wok oder einen Topf geben und bei schwacher Hitze 1–2 Minuten kochen lassen. Vorsicht, dass nichts anbrennt!

2 Hähnchenfleisch hinzufügen und bei mittlerer Hitze 2 Minuten pfannenrühren. Die Hühnerbrühe dazugießen, bei schwacher Hitze aufkochen und 10 Minuten kochen lassen, bis das Fleisch gar ist.

3 Inzwischen die Reisnudeln mit einer Schere in kurze Stücke schneiden – so lassen sie sich besser essen. Beide Nudelsorten separat in heißem Wasser nach Packungsangabe garen. Abgießen und kalt abspülen.

4 Kurz vor dem Servieren Kokosmilch und Zuckerschoten in die Suppe geben; erhitzen. Die Nudeln auf vorgewärmte Schalen verteilen. Die heiße Suppe darüberschöpfen. Mit Frühlingszwiebeln, Sprossen und Korianderblättern garnieren.

TIPP: *Wenn Sie die Suppe schärfer mögen, verwenden Sie eine schärfere Currypaste oder einfach mehr Chili.*

NÄHRWERTE PRO PERSON ETWA
225 kcal; 30 g Eiweiß; 8 g Fett; 5 g Kohlenhydrate; 3 g Ballaststoffe; 65 mg Cholesterin

Die Currypaste unter die Gewürzpaste rühren und erwärmen, bis es duftet.

Kurz vor dem Servieren die Kokosmilch in die Suppe gießen und erhitzen.

Thai-Suppe mit Hähnchen und Mais

VORBEREITUNGSZEIT: 30 MINUTEN | GARZEIT: 15 MINUTEN | FÜR 4 PERSONEN

150 g Baby-Maiskolben
1 EL Öl
2 Stängel Zitronengras, nur das Weiße, in sehr feinen Ringen
2 EL fein geriebener Ingwer
6 Frühlingszwiebeln, gehackt
1 rote Chilischote, gehackt
1 l Hühnerbrühe
375 ml Kokosmilch
2 Hähnchenbrustfilets, in dünne Streifen geschnitten
130 g abgetropfte Maiskörner (aus der Dose), püriert
1 EL Sojasauce
2 EL Schnittlauchröllchen zum Bestreuen
1 rote Chilischote, in dünne Ringe geschnitten, zum Bestreuen

1 Die kleinen Maiskolben je nach Dicke längs halbieren oder vierteln.

2 Das Öl in einem Topf bei mittlerer Hitze heiß werden lassen. Zitronengras, Ingwer, Frühlingszwiebeln und Chili hinzufügen und 1 Minute unter Rühren anbraten. Die Brühe mit der Kokosmilch dazugießen und aufkochen lassen.

3 Mais, Hähnchenfleisch und Maispüree einrühren; 8 Minuten köcheln lassen, bis das Fleisch gerade gar ist. Die Suppe mit Sojasauce würzen, auf tiefe Teller oder Suppenschalen verteilen; mit Schnittlauch und Chili bestreuen; servieren.

HINWEIS: *Baby-Maiskolben gibt es frisch oder in Konserven. Letztere erst 2 Minuten vor Ende der Garzeit in die Suppe geben, um sie zu erhitzen.*

Den Ingwer schälen und auf der feinen Seite der Gemüsereibe zerkleinern.

Die Maiskölbchen längs halbieren oder vierteln, je nach Dicke der Kolben.

NÄHRWERTE PRO PERSON ETWA
360 kcal; 20 g Eiweiß; 25 g Fett; 15 g Kohlenhydrate; 3 g Ballaststoffe; 30 mg Cholesterin

Hühnersuppe mit Zitrone

VORBEREITUNGSZEIT: 10 MINUTEN | GARZEIT: 10 MINUTEN | FÜR 4 PERSONEN

1 unbehandelte Zitrone
2 Hähnchenbrustfilets
1 l Hühnerbrühe
2 Zweige Zitronenthymian, mehr zum Servieren
Salz und Pfeffer aus der Mühle

1 Mit dem Sparschäler von der Zitrone 3 Streifen Schale dünn abschälen. Falls nötig, noch anhängende weiße Haut (Bast) mit einem Messer entfernen. Die Brühe mit 2 Streifen Schale und Zitronenthymian in einen Topf geben und langsam erhitzen, aber nicht aufkochen lassen.

2 Die Hähnchenbrustfilets bei schwacher Hitze zugedeckt in der Brühe 7 Minuten köcheln lassen, bis das Fleisch gar ist. Währenddessen das dritte Stück Zitronenschale in feine Streifen schneiden. Die Hähnchenbrustfilets aus dem Topf nehmen, auf einen Teller legen und mit Alufolie abdecken.

3 Ein Sieb mit zwei Lagen Mull (saubere Stoffwindel oder ein Passiertuch) auslegen und die Brühe durch das Sieb in einen sauberen Topf gießen. Das Fleisch klein schneiden oder zupfen und in die Suppe geben. Die Suppe noch einmal erhitzen, mit Salz und schwarzem Pfeffer würzen, Zitronenthymian und Zitronenzesten untermischen. Sofort servieren.

NÄHRWERTE PRO PERSON ETWA
130 kcal; 25 g Eiweiß; 3 g Fett; 0 g Kohlenhydrate; 0 g Ballaststoffe; 55 mg Cholesterin

Falls nötig, mit einem dünnen Messer das weiße Innere von der Zitronenschale abschneiden.

Ein Sieb mit dünnem Baumwollstoff oder Passiertuch auslegen und die Brühe durchpassieren.

Das Hähnchenfleisch in schmale Stücke zupfen und in die Suppe geben.

Hühnersuppe mit Kräutern

VORBEREITUNGSZEIT: 30 MINUTEN | GARZEIT: 30 MINUTEN | FÜR 6 PERSONEN

- 1 Hähnchenbrustfilet
- 1 Lorbeerblatt
- 6 schwarze Pfefferkörner
- 1 Knoblauchzehe
- 4 Stängel Petersilie
- 2 EL Olivenöl
- 1 Zwiebel, fein gewürfelt
- 1 kleine Möhre, fein gewürfelt
- 1 Stange Sellerie, fein gewürfelt
- 1 große Kartoffel, fein gewürfelt
- 1 TL gehackter frischer oder ¼ TL getrocknete Rosmarin
- 1 TL gehackte frischer oder ½ TL getrockneter Thymian
- 1 TL gehackter frischer oder ½ TL getrockneter Majoran
- 1 l Hühnerbrühe
- 300 g abgetropfte Maiskörner (aus der Dose), püriert
- 4 EL gehackte Petersilie
- Salz und Pfeffer aus der Mühle

1 In einem Topf 500 ml Wasser aufkochen lassen. Hähnchenbrust, Lorbeerblatt, Pfefferkörner, Knoblauch und Petersilie einlegen und 8 Minuten kochen lassen, bis das Fleisch gar ist. Das Hähnchenfleisch herausnehmen (den Garsud aufheben), etwas abkühlen lassen und in mundgerchte Stücke zerkleinern.

2 Das Öl in einem großen Topf erhitzen. Zwiebel, Möhre und Sellerie darin bei mittlerer Hitze 5 Minuten dünsten, bis die Zwiebel glasig ist. Kartoffel und Kräuter dazugeben und alles unter Rühren noch 1 Minute dünsten.

3 Die Brühe und den Hähnchengarsud dazugießen. Mit Salz und Pfeffer würzen und aufkochen lassen. Bei schwacher Hitze 15 Minuten köcheln lassen, bis das Gemüse weich ist. Maispüree und Fleischstreifen in die Suppe geben und 2 Minuten unter Rühren erwärmen. Petersilie einrühren.

TIPP: *Um Zeit zu sparen, können Sie statt des Hähnchenbrustfilets bereits gegartes Hähnchenfleisch verwenden – in diesem Fall benötigen Sie 1,5 l Hühnerbrühe, da der Garsud (Schritt 1) entfällt.*

NÄHRWERTE PRO PERSON ETWA
165 kcal; 11 g Eiweiß; 8 g Fett; 15 g Kohlenhydrate; 3 g Ballaststoffe; 18 mg Cholesterin

Das Hähnchenbrustfilet mit Lorbeerblatt, Pfeffer, Knoblauch und Petersilie garen.

Kartoffelwürfel und Kräuter zum Gemüse geben und bei mittlerer Hitze mitdünsten.

Das zerkleinerte Hähnchenfleisch und das Maispüree in die Suppe geben.

Schottische Hühnersuppe mit Backpflaumen

VORBEREITUNGSZEIT: 10 MINUTEN + 2 STUNDEN | GARZEIT: 1 STUNDE 40 MINUTEN | FÜR 4–6 PERSONEN

1 Hähnchen mit Innereien (1,5 kg)
1 Zwiebel, in Ringe geschnitten
2 l Hühnerbrühe
4 Stangen Lauch, in dünne Ringe geschnitten
¼ TL gemahlener Koriander
1 Prise geriebene Muskatnuss
1 Bouquet garni
12 Dörrpflaumen
1 Prise Cayennepfeffer
3 Zweige Thymian, mehr zum Servieren
Salz und Pfeffer aus der Mühle

1 Hähnchen und Innereien (nach Belieben) in einen breiten Topf legen. Die Brühe mit der Zwiebel dazugeben. Aufkochen lassen; den Schaum, der sich oben absetzt, abschöpfen. Lauch, Koriander, Muskat und Bouquet garni hinzufügen. 1¼ Stunden köcheln lassen.

2 Hähnchen und Bouquet garni herausnehmen. Innereien mit einem Schaumlöffel aus der Brühe fischen und wegwerfen. Brühe abkühlen lassen und 2 Stunden kühl stellen. Das erstarrte Fett abnehmen. Hähnchen häuten, Fleisch von den Knochen lösen, in Stückchen zupfen.

3 Fleisch und Pflaumen in die Suppe geben, Cayennepfeffer und Thymian untermischen. 20 Minuten köcheln lassen. Mit Salz und Pfeffer abschmecken. Mit Thymian bestreuen.

NÄHRWERTE PRO PERSON ETWA
315 kcal; 60 g Eiweiß; 6 g Fett; 7 g Kohlenhydrate; 1 g Ballaststoffe; 125 mg Cholesterin

Thymian, Petersilie und Lorbeerblätter in ein Stückchen Baumwollstoff binden.

Brühe in den Topf zum Hähnchen gießen, Innereien und Zwiebel dazugeben.

Cayennepfeffer, Pflaumen und Thymianzweige unterrühren.

Chinesische Hühnersuppe mit Pilzen

VORBEREITUNGSZEIT: 20 MINUTEN + 10 MINUTEN EINWEICHZEIT | GARZEIT: 10 MINUTEN | FÜR 4 PERSONEN

3 getrocknete Shiitakepilze
200 g dünne Eiernudeln
1 EL Öl
4 Frühlingszwiebeln, in dünne Streifen geschnitten
1 EL Sojasauce
2 EL Reiswein, Mirin oder Sherry
1,25 l Hühnerbrühe
abgezupftes Fleisch von ½ gebratenen Hähnchen
50 g gekochter Schinken, in feine Streifen geschnitten
100 g Mungobohnensprossen
Koriandergrün zum Servieren
rote Chilischote, in dünne Ringe geschnitten

1 Die Pilze 10 Minuten in kochend heißem Wasser einweichen. Abgießen und ausdrücken. Die Pilzstiele abschneiden und die Pilzhüte in feine Streifen schneiden.

2 Die Nudeln nach Packungsangabe in kochendem Wasser garen. Abgießen und mit einer Schere in mundgerechte Stücke schneiden.

3 Das Öl in einem großen Topf erhitzen. Pilze und Frühlingszwiebeln darin 1 Minute dünsten. Sojasauce, Reiswein und Brühe dazugießen, aufkochen und 1 Minute kochen lassen. Die Hitze reduzieren. Nudeln, Hühnerfleisch, Schinken und Sprossen hinzufügen. Die Suppe 2 Minuten erhitzen, ohne sie dabei aufkochen zu lassen.

4 Fleisch, Nudeln und Gemüse aus der Suppe heben und auf vier Schalen verteilen, die Brühe darüberschöpfen. Mit Koriander und Chili bestreuen; sofort servieren.

HINWEIS: *Reiswein und Mirin bekommt man im Asienladen oder im Spezialitätenregal des Supermarkts.*

NÄHRWERTE PRO PERSON ETWA
340 kcal; 25 g Eiweiß; 10 g Fett; 35 g Kohlenhydrate; 3 g Ballaststoffe; 80 mg Cholesterin

Pilze in einer Schüssel mit kochend heißem Wasser übergießen und quellen lassen.

Die Nudeln mit einer Schere in kleinere Stücke schneiden, damit man sie besser essen kann.

Würzige Hühnerbrühe mit Koriandernudeln

VORBEREITUNGSZEIT: 40 MINUTEN | GARZEIT: 50 MINUTEN | FÜR 4 PERSONEN

350 g Hähnchenfleisch
2 Möhren, fein gewürfelt
2 Stangen Sellerie, fein gewürfelt
2 dünne Stangen Lauch, fein gehackt
3 Eiweiß
1,5 l Hühnerbrühe
Tabascosauce (nach Geschmack)
Salz und Pfeffer aus der Mühle

KORIANDERNUDELN

60 g Mehl
1 Ei
½ TL geröstetes Sesamöl
1 große Handvoll Koriandergrün

1 Das Hähnchenfleisch in einen großen Topf geben und auf eine Seite schieben; Möhren, Sellerie und Lauch auf die andere Seite legen. Die Eiweiße nur über das Gemüse schütten und mit einem Schneebesen schaumig schlagen.

2 Die Brühe erhitzen und nach und nach über Fleisch und Eiweiß-Gemüse-Mischung schöpfen, dabei das Eiweiß ständig schlagen. Langsam erwärmen, dabei weiterschlagen. In der Mitte des Eiweißschaums eine Mulde formen und die Brühe im offenen Topf bei schwacher Hitze köcheln lassen, dabei nicht rühren. Ein Sieb mit einem Mulltuch oder Baumwollstoff auslegen und auf eine Schüssel hängen. Die Brühe durch das Sieb in eine Schüssel passieren. Hähnchenfleisch und Gemüse wegwerfen. Die Bruhe mit Salz, Pfeffer und Tabasco würzen; beiseitestellen.

3 Für die Koriandernudeln das Mehl in eine Schüssel sieben; in die Mitte eine Mulde drücken. Ei und Öl in die Mulde geben. Alle Zutaten verrühren und auf einer bemehlten Arbeitsfläche in 2 Minuten glatt kneten. Den Teig in vier Portionen teilen. Die Portionen zu dünnen Streifen ausrollen (am besten in der Nudelmaschine). Zwei Teigstreifen mit Korianderblättchen belegen und mit jeweils einem Teigstreifen bedecken.

4 Die gefüllten Teigstreifen rund um die Korianderblätter in Quadrate schneiden. Die Brühe aufkochen lassen und die Nudeln darin 1 Minute ziehen lassen. Die Suppe mit den Nudeln servieren.

NÄHRWERTE PRO PERSON ETWA
200 kcal; 23 g Eiweiß; 4 g Fett; 17 g Kohlenhydrate; 3 g Ballaststoffe; 80 mg Cholesterin

Mit einem Löffel in das Eiweiß auf der Suppe eine Mulde drücken, so kocht nichts über.

Die Suppe durch ein mit Baumwollstoff ausgekleidetes Sieb passieren.

Die Teigstreifen so in Quadrate schneiden, dass in deren Mitte jeweils ein Korainderblatt liegt.

Tom kha gai – Thai-Hühnersuppe

VORBEREITUNGSZEIT: 20 MINUTEN | GARZEIT: 20 MINUTEN | FÜR 4 PERSONEN

5 cm Galgant (siehe TIPP)
500 ml Kokosmilch
250 ml Hühnerbrühe
3 Hähnchenbrustfilets, in dünne Streifen geschnitten
1–2 TL fein gehackte rote Chilischote
2 EL Fischsauce
1 TL brauner Zucker
1 kleine Handvoll Koriandergrün

1 Den Galgant schälen und in feine Scheiben schneiden. In einem Topf Kokosmilch und Brühe mit Galgant mischen. Aufkochen und offen bei schwacher Hitze unter gelegentlichem Rühren 10 Minuten kochen lassen.

2 Fleischstreifen und Chilis hinzufügen und alles 8 Minuten bei schwacher Hitze köcheln lassen. Fischsauce und Zucker unterrühren. Die Suppe auf Teller verteilen, mit Koriandergrün garnieren und sofort servieren.

TIPP: *Wenn es keinen frischen Galgant gibt, können Sie stattdessen 5 dicke Scheiben getrockneten Galgant nehmen. Diese in heißem Wasser 10 Minuten einweichen und dann in Streifen schneiden. Die Einweichflüssigkeit mit Brühe auf 250 ml auffüllen und wie im Rezept oben beschrieben weiterverfahren.*

Von der frischen Galgantwurzel ein 5 cm großes Stück abbrechen.

Hähnchenfleischstreifen und Chili zur köchelnden Kokosmilch-Brühe-Mischung geben.

NÄHRWERTE PRO PERSON ETWA

450 kcal; 40 g Eiweiß; 30 g Fett; 7 g Kohlenhydrate; 3 g Ballaststoffe; 85 mg Cholesterin

Asiatische Hühner-Nudel-Suppe

VORBEREITUNGSZEIT: 20 MINUTEN | GARZEIT: 25 MINUTEN | FÜR 4 PERSONEN

CHILIPASTE
4 getrocknete Chilischoten
1 TL Koriandersamen
1 TL geriebener frischer Ingwer
½ TL Kurkuma

750 ml Kokosmilch
350 g Hähnchenbrustfilets
2 EL Sojasauce
500 ml Hühnerbrühe
400 g schmale Eierbandnudeln
Erdnussöl zum Braten
in Ringe geschnittene Frühlingszwiebeln und rote Chilischoten zum Servieren

1 Für die Chilipaste alle Zutaten in einen kleinen Topf geben. Bei schwacher Hitze 5 Minuten unter Rühren braten, bis Duft aufsteigt. Chili und Gewürze in einen Mörser oder die Küchenmaschine füllen und fein zerkleinern.

2 In einem Topf 250 ml Kokosmilch erhitzen. Die Chilipaste hinzufügen und 2–3 Minuten unter Rühren köcheln lassen. Hähnchenfleisch und Sojasauce dazugeben und alles 3–4 Minuten köcheln lassen. Restliche Kokosmilch und die Brühe dazugießen; aufkochen, dann 10 Minuten köcheln lassen.

3 100 g Nudeln in große Stücke brechen. In heißem Erdnussöl knusprig frittieren und auf Küchenpapier abtropfen lassen. Die restlichen Nudeln in kochendem Wasser knapp weich garen; abgießen.

4 Die gekochten Nudeln auf Suppenschalen verteilen und die Suppe darüberschöpfen. Die Portionen mit den frittierten Nudeln garnieren. Mit Frühlingszwiebeln und Chilis servieren.

Für die Chilipaste die Gewürze im Mörser fein zerstoßen.

Ein Viertel der Nudeln in heißem Erdnussöl frittieren und auf Küchenpapier abtropfen lassen.

NÄHRWERTE PRO PERSON ETWA
480 kcal; 35 g Eiweiß; 35 g Fett; 75 g Kohlenhydrate; 3 g Ballaststoffe; 60 mg Cholesterin

Paprikasuppe mit geräuchertem Hähnchen

VORBEREITUNGSZEIT: 20 MINUTEN | GARZEIT: 30 MINUTEN | FÜR 6–8 PERSONEN

4 große rote Paprikaschoten
1 lange grüne Chilischote
1 EL Olivenöl
1 große Zwiebel, grob gewürfelt
2 Knoblauchzehen, zerdrückt
½ TL Cayennepfeffer
1 TL gemahlener Koriander
1 TL gemahlene Kurkuma
2 l Hühnerbrühe
350 g geräucherte Hähnchenbrust, gewürfelt
Koriandergrün und saure Sahne zum Garnieren
Tortillachips zum Servieren
Salz und Pfeffer aus der Mühle

NÄHRWERTE PRO PERSON (BEI 8) ETWA
505 kcal; 35 g Eiweiß; 30 g Fett; 20 g Kohlenhydrate; 5 g Ballaststoffe; 155 mg Cholesterin

1 Aus den Paprikaschoten und der Chilischote die Kerne und Trennwände entfernen. Die Schoten in große flache Stücke schneiden. Unter dem Backofengrill rösten (Haut nach oben), bis die Haut schwarz wird und Blasen wirft. Herausnehmen, in einen Gefrierbeutel geben und abkühlen lassen. Die Schoten schälen. Paprika grob würfeln und Chili in feine Streifen schneiden.

2 Das Olivenöl in einem großen Topf bei mittlerer Hitze heiß werden lassen. Zwiebel und Knoblauch darin 2–3 Minuten anbraten. Cayennepfeffer, Koriander und Kurkuma unterrühren und alles noch 1 Minuten unter ständigem Rühren braten. Die Brühe mit Paprikawürfeln und Chilistreifen hinzufügen und aufkochen lassen. Die Hitze reduzieren und die Suppe 15 Minuten köcheln lassen.

3 Den Topf vom Herd nehmen. Die Suppe etwas abkühlen lassen, dann portionsweise pürieren. Wieder in den Topf geben und noch 10 Minuten köcheln lassen. Das Hähnchenfleisch unterrühren und die Suppe mit Salz und Pfeffer abschmecken. Auf Teller verteilen, mit Koriander garnieren und auf jede Portion etwas saure Sahne geben. Mit Tortillachips servieren.

Von den abgekühlten Schoten die geschwärzte Haut mit den Fingern ablösen.

Paprikawürfel und Chilistreifchen zu der gewürzten Brühe in den Topf geben.

Die Suppe mit den Gemüsestücken in der Küchenmaschine glatt pürieren.

Cremige Spinatsuppe mit Huhn

VORBEREITUNGSZEIT: 40 MINUTEN | GARZEIT: 55 MINUTEN | FÜR 6 PERSONEN

1 EL Öl
1 kg Hähnchenteile
1 Möhre, gewürfelt
2 Stangen Sellerie, gewürfelt
1 Zwiebel, gewürfelt
6 schwarze Pfefferkörner
2 Knoblauchzehen, gewürfelt
Bouquet garni
800 g Süßkartoffeln, gewürfelt
500 g Blattspinat
125 g Sahne
Salz und Pfeffer aus der Mühle

1 Das Öl in einem großen Topf erhitzen, die Hähnchenteile portionsweise darin kräftig braten. Auf Küchenpapier abtropfen lassen. Überschüssiges Fett bis auf 1 EL weggießen. Hähnchenteile, Möhre, Sellerie, Zwiebel, Pfefferkörner, Knoblauch, Bouquet garni und 1,5 l Wasser dazugeben.

2 Die Suppe aufkochen, dann bei schwacher Hitze zugedeckt 40 Minuten köcheln lassen. Durch ein Sieb in einen zweiten Topf gießen, Gemüse, Pfeffer und Bouquet garni wegwerfen. Die Hähnchenteile häuten und das Fleisch von den Knochen zupfen; beiseitelegen.

3 Süßkartoffeln in die Brühe geben. Die Brühe aufkochen und köcheln lassen, bis die Kartoffelwürfel weich sind. Den Spinat tropfnass in einem Topf bei starker Hitze zusammenfallen lassen. Gut abtropfen lassen und fein hacken.

4 Spinat und Hähnchenfleisch mit der Sahne in die Brühe rühren. Die Suppe mit Salz und Pfeffer abschmecken. Noch einmal kurz erhitzen, aber nicht mehr aufkochen lassen.

Für das Bouquet garni Petersilie, Thymian und 1 Lorbeerblatt mit Küchengarn zusammenbinden.

Den tropfnassen Spinat in einem Topf bei starker Hitze zusammenfallen lassen.

NÄHRWERTE PRO PERSON ETWA

410 kcal; 40 g Eiweiß; 15 g Fett; 25 g Kohlenhydrate; 4 g Ballaststoffe; 110 mg Cholesterin

Hühnersuppe mit Couscous

VORBEREITUNGSZEIT: 25 MINUTEN | GARZEIT: 30 MINUTEN | FÜR 6 PERSONEN

1 EL Olivenöl
1 Zwiebel, gewürfelt
1 TL gemahlene Kurkuma
½ TL Paprikapulver
1 TL geriebener frischer Ingwer
1 Knoblauchzehe, zerdrückt
2 Stangen Sellerie, in Scheiben geschnitten
2 schmale Möhren, in Scheiben geschnitten
2 Zucchini, in Scheiben geschnitten
1,25 l Hühnerbrühe
2 Hähnchenbrustfilets, in Streifen geschnitten
1 Prise Safranfäden (nach Belieben)
100 g Instant-Couscous
2 EL gehackte glatte Petersilie

1 Das Öl in einem großen Topf erhitzen. Die Zwiebel darin unter gelegentlichem Rühren 10 Minuten weich braten. Kurkuma, Paprika, Ingwer und Knoblauch dazugeben und 1 Minute unter Rühren mitbraten.

2 Sellerie, Möhren und Zucchini in dem Würzöl kurz dünsten. Brühe dazugießen, aufkochen und mit halb aufgelegtem Deckel 15 Minuten köcheln lassen, bis das Gemüse weich ist.

3 Hähnchenfleisch und Safran untermischen und die Suppe 5 Minuten kochen lassen, bis das Fleisch knapp gar ist. Nicht zu lange kochen! Anschließend Couscous und Petersilie unterrühren und den Couscous nach Packungsangabe in der Suppe garen. Sofort servieren.

TIPP: *Den Couscous erst kurz vor dem Servieren in die Suppe geben – er saugt viel Flüssigkeit auf und wird schnell fest.*

Das Hähnchenfleisch und die Safranfäden in die heiße Brühe rühren.

Petersilie und Couscous erst kurz vor dem Servieren in die Suppe rühren.

NÄHRWERTE PRO PERSON ETWA
170 kcal; 19 g Eiweiß; 6 g Fett; 12 g Kohlenhydrate; 2 g Ballaststoffe; 35 mg Cholesterin

Currys und Wokgerichte

Hähnchenpfanne mit Sichuanpfeffer

VORBEREITUNGSZEIT: 25 MINUTEN + 2 STUNDEN MARINIERZEIT | GARZEIT: 20 MINUTEN | FÜR 4 PERSONEN

3 TL Sichuanpfefferkörner
2 EL Sojasauce
1 Knoblauchzehe, zerdrückt
1 TL geriebener frischer Ingwer
3 TL Speisestärke
500 g Hähnchenfleisch (von Brust oder Schenkeln), in Streifen geschnitten
100 g asiatische Eiernudeln
Öl zum Braten
1 Zwiebel, in Ringe geschnitten
1 gelbe Paprikaschote, in dünne Streifen geschnitten
1 rote Paprikaschote, in dünne Streifen geschnitten
100 g Zuckererbsen
75 ml Hühnerbrühe

NÄHRWERTE PRO PERSON ETWA
360 kcal; 35 g Eiweiß; 15 g Fett, 25 g Kohlenhydrate; 3 g Ballaststoffe; 65 mg Cholesterin

1 Den Wok stark erhitzen und die Pfefferkörner darin 30 Sekunden braten. Herausnehmen und im Mörser, in einer Gewürzmühle oder im Blitzhacker zerkleinern.

2 Sojasauce, Knoblauch, Ingwer, Speisestärke und Pfeffer in einer Schüssel mischen und das Hähnchenfleisch darin wälzen. Zudecken und für 2 Stunden in den Kühlschrank stellen.

3 In einem Topf Wasser aufkochen und die Nudeln darin nach Packungsangabe garen. Abgießen, Öl darüberträufeln und untermischen, damit die Nudeln nicht zusammenkleben. Beiseitestellen.

4 Den Wok stark erhitzen, 1 EL Öl hineingeben und durch Schwenken verteilen. Das Hähnchenfleisch darin bei mittlerer Hitze portionsweise braten, bis es goldbraun und gar ist. Falls nötig, mehr Öl dazugeben. Fleisch aus dem Wok nehmen und beiseitestellen.

5 Den Wok wieder erhitzen. 1 EL Öl hineingeben; Zwiebel, Paprika und Zuckererbsen darin bei starker Hitze 2–3 Minuten braten. Die Brühe dazugießen und aufkochen lassen.

6 Hähnchenfleisch und Nudeln unter das Gemüse im Wok mischen. Das Gericht bei starker Hitze heiß werden lassen und sofort servieren.

Den Wok sehr stark erhitzen und die Pfefferkörner darin braten.

Den Sichuanpfeffer im Mörser fein zerstoßen.

Die Nudeln mit Öl mischen, damit sie nicht zusammenkleben.

Zitronenhähnchen

VORBEREITUNGSZEIT: 15 MINUTEN + 30 MINUTEN MARINIERZEIT | GARZEIT: 10 MINUTEN | FÜR 4 PERSONEN

3 Hähnchenbrustfilets
1 Eiweiß, leicht verquirlt
2 TL Speisestärke
¼ TL geriebener frischer Ingwer
½ TL Salz
60 ml Öl

ZITRONENSAUCE
2 TL Speisestärke
1½ EL Zucker
2 EL Zitronensaft
175 ml Hühnerbrühe
2 TL Sojasauce
1 TL trockener Sherry

1 Die Hähnchenbrustfilets trocken tupfen und schräg in 1 cm breite Streifen schneiden. Das Eiweiß mit Speisestärke, Ingwer und Salz verrühren. Die Hähnchenstreifen untermischen und 30 Minuten im Kühlschrank durchziehen lassen.

2 Den Wok oder eine große hohe Pfanne erhitzen. Das Öl hineingeben und durch Schwenken verteilen. Das Hähnchenfleisch aus der Marinade heben, abtropfen lassen und in Wok oder Pfanne bei mittlerer Hitze 5 Minuten pfannenrühren, aber nicht braun werden lassen. Herausnehmen und auf einem Teller warm halten. Überschüssiges Öl aus Wok oder Pfanne gießen.

3 Für die Zitronensauce die Speisestärke mit 2 EL Wasser glatt rühren. Mit den übrigen Zutaten in Wok oder Pfanne geben, alles verrühren und bei starker Hitze 1 Minute kochen lassen. Das Fleisch untermischen. Das Gericht mit gedämpftem Reis und Wok-Gemüse servieren.

Das marinierte Hähnchenfleisch pfannenrühren, bis es gar, aber noch nicht braun ist.

Die angerührte Speisestärke mit den flüssigen Zutaten und dem Zucker in den Wok rühren.

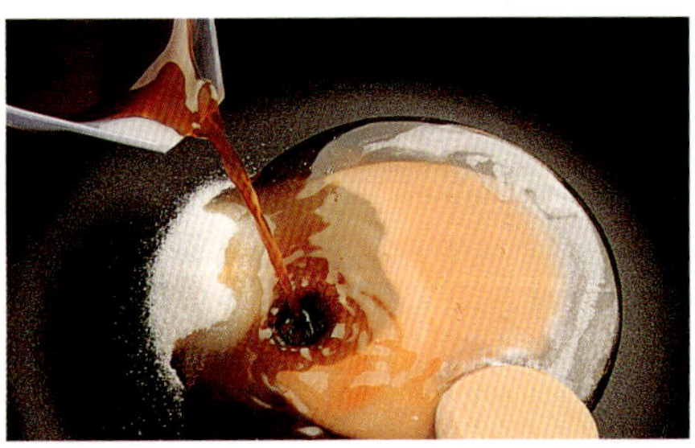

NÄHRWERTE PRO PERSON ETWA
305 kcal; 29 g Eiweiß; 17 g Fett; 8 g Kohlenhydrate; 0 g Ballaststoffe; 65 mg Cholesterin

Hähnchen mit Austernsauce und Basilikum

VORBEREITUNGSZEIT: 20 MINUTEN | GARZEIT: 10 MINUTEN | FÜR 4 PERSONEN

60 ml Austernsauce
2 EL Fischsauce
1 EL geriebener Palmzucker
1 EL Öl
2–3 Knoblauchzehen, zerdrückt
1 EL geriebener frischer Ingwer
1–2 rote Chilischoten, fein gewürfelt
4 Frühlingszwiebeln, fein gewürfelt
2 Hähnchenbrustfilets, in dünne Streifen geschnitten
250 g Brokkoli, in Röschen geteilt
200 g Wasserkastanien (aus der Dose), abgetropft
200 g Bambussprossen in dünnen Streifen, abgespült
1 Handvoll Basilikumblätter, gehackt

1 In einem Topf 60 ml Wasser mit Austernsauce, Fischsauce und Palmzucker verrühren.

2 Den Wok stark erhitzen, das Öl hineingeben und durch Schwenken verteilen. Knoblauch, Ingwer, Chili und Frühlingszwiebeln darin bei mittlerer Hitze 1 Minute pfannenrühren. Das Fleisch hinzufügen und bei starker Hitze 2–3 Minuten unter Rühren braten, bis es gar ist. Aus dem Wok auf einen Teller geben.

3 Den Wok wieder erhitzen. Brokkoli, Wasserkastanien und Bambussprossen darin unter ständigem Rühren 2–3 Minuten braten. Die Austernsauce-Mischung dazugießen und unter Rühren aufkochen lassen. Das Hähnchenfleisch hinzufügen und heiß werden lassen, dann das Basilikum untermischen. Sofort servieren.

Den Palmzucker mit der flachen Klinge eines großen Messers zerdrücken.

Die Chilischoten entkernen und fein würfeln. Die Hände dabei mit Einmalhandschuhen schützen.

NÄHRWERTE PRO PERSON ETWA
285 kcal; 30 g Eiweiß; 4 g Fett; 35 g Kohlenhydrate; 8 g Ballaststoffe; 45 mg Cholesterin

Japanisches Hähnchen-Reis-Gericht

VORBEREITUNGSZEIT: 35 MINUTEN | GARZEIT: 30 MINUTEN | FÜR 4 PERSONEN

450 g Rundkornreis
2 EL Öl
250 g Hähnchenbrustfilets, in dünne Streifen geschnitten
2 Zwiebeln, in dünne Ringe geschnitten
80 ml Shoyu (japanische Sojasauce)
2 EL Mirin (süßer japanischer Reiswein)
1 TL Instant-Dashi (ersatzweise gekörnte Brühe)
5 Eier, leicht verquirlt
2 Noriblätter
2 Frühlingszwiebeln, schräg in Ringe geschnitten

NÄHRWERTE PRO PERSON ETWA
655 kcal; 32 g Eiweiß; 18 g Fett; 90 g Kohlenhydrate; 4 g Ballaststoffe; 255 mg Cholesterin

1 Den Reis in einem Sieb unter fließendem Wasser abspülen, bis das Wasser klar abfließt. Den Reis mit 600 ml Wasser in einen Topf geben; zum Kochen bringen. Zugedeckt bei ganz schwacher Hitze 15 Minuten köcheln lassen. Anschließend die Hitze 15–20 Sekunden auf höchste Stufe stellen. Den Topf vom Herd nehmen; den Reis 12 Minuten beiseitestellen, dabei den Topf nicht öffnen, damit kein Dampf entweicht.

2 Das Öl in einer Pfanne bei starker Hitze heiß werden lassen. Das Hähnchenfleisch darin pfannenrühren, bis es gar ist. Herausnehmen und beiseitestellen. Die Pfanne wieder erhitzen und die Zwiebeln darin unter gelegentlichem Rühren 3 Minuten braten. 80 ml Wasser, Shoyu, Mirin und Dashi hinzufügen. Rühren, bis sich das Dashi aufgelöst hat, aufkochen und 3 Minuten kochen lassen.

3 Das Hähnchenfleisch dazugeben und die Eier vorsichtig unterrühren. Zugedeckt und bei ganz schwacher Hitze 2–3 Minuten köcheln lassen, bis die Eier zu stocken beginnen. Die Pfanne vom Herd nehmen. Die Noriblätter bei schwacher Hitze in einer trockenen Pfanne rösten, dann in kleine Stücke brechen.

4 Den gegarten Reis in eine Schüssel füllen, das Hähnchen-Ei-Gericht darauf anrichten. Alles mit den Noristückchen und den Frühlingszwiebeln bestreuen.

Den Reis in einem Sieb unter kaltem Wasser abspülen, bis das Wasser klar abläuft.

Die Zwiebelringe 3 Minuten braten, bis sie beginnen weich zu werden.

Die Eier zum Fleisch in die Pfanne gießen und vorsichtig unterrühren.

Hähnchen mit Rosinen und Mandeln

VORBEREITUNGSZEIT: 20 MINUTEN | GARZEIT: 20 MINUTEN | FÜR 3–4 PERSONEN

2 TL gemahlener Kreuzkümmel
2 TL gemahlener Koriander
1 TL gemahlener Zimt
½ TL Cayennepfeffer
½ TL gemahlener Kardamom
Öl zum Braten
1 große Zwiebel, in dünne Spalten geschnitten
2 Knoblauchzehen, fein gehackt
500 g Hähnchenbrustfilets, in Würfel geschnitten
2 TL abgeriebene Orangenschale
2 EL Orangensaft
2 EL Rosinen
1 TL brauner Zucker
60 g griechischer Sahnejoghurt
40 g geröstete Mandelstifte
Salz und Pfeffer aus der Mühle

1 Die Gewürze im Wok bei schwacher Hitze 1 Minute unter Rühren braten, bis sie duften; den Wok dabei rütteln. 1 EL Öl zu den Gewürzen geben. Die Zwiebelspalten und den Knoblauch darin bei starker Hitze 3 Minuten pfannenrühren. Aus dem Wok nehmen.

2 Den Wok wieder erhitzen. 1 EL Öl hineingeben und das Hähnchenfleisch darin in zwei Portionen goldbraun und knapp gar braten. Alles Hähnchenfleisch, Zwiebelmischung, Orangenschale, Orangensaft, Rosinen und Zucker hinzufügen. 1 Minute kochen lassen, bis alle Flüssigkeit verdampft ist.

3 Den Joghurt unterrühren und vorsichtig erhitzen, aber nicht kochen lassen (sonst flockt der Joghurt aus). Das Gericht kräftig mit Salz und Pfeffer würzen. Mit den gerösteten Mandeln bestreuen und mit Reis servieren.

HINWEIS: *Wird Joghurt zu stark erhitzt, flockt er aus; dasselbe passiert, wenn man ihn zu kräftig rührt.*

Die Mandelstifte im Wok ohne Fett rösten, bis sie goldbraun sind.

Zwiebelmischung, Orangenschale, Orangensaft, Rosinen und Zucker zum Hähnchenfleisch geben.

NÄHRWERTE PRO PERSON (BEI 4) ETWA
360 kcal; 30 g Eiweiß; 20 g Fett; 15 g Kohlenhydrate; 2,5 g Ballaststoffe; 65 mg Cholesterin

Kokos-Hähnchen-Curry mit Limette

VORBEREITUNGSZEIT: 30 MINUTEN | GARZEIT: 45 MINUTEN | FÜR 4 PERSONEN

WÜRZPASTE
1 große Zwiebel, grob gehackt
6 rote Chilischoten, entkernt und fein gehackt
4 Knoblauchzehen, zerdrückt
1 TL fein gehacktes Zitronengras, nur das Weiße
2 TL fein gehackter frischer Galgant
1 TL gemahlene Kurkuma

1 Hähnchen (1,6 kg)
60 ml Öl
250 ml Kokosmilch
4 Limetten, 2 davon halbiert, die restlichen in Viertel geschnitten
5 Kaffirlimettenblätter, in feine Streifen geschnitten
1 EL Fischsauce

1 Für die Würzpaste alle Zutaten in der Küchenmaschine ein paar Minuten lang zerkleinern, bis eine grobe, dicke Paste entsteht.

2 Das Hähnchen in große Stücke schneiden. Das Öl in einer großen Pfanne erhitzen. Die Würzpaste einrühren und bei schwacher Hitze unter gelegentlichem Rühren 10 Minuten braten, bis sie duftet.

3 Die Hähnchenteile im heißen Öl 2 Minuten unter Wenden braten; dabei darauf achten, dass sie rundherum von der Würzpaste überzogen sind. Die Kokosmilch und 125 ml Wasser dazugießen, die Limettenhälften und die Kaffirlimettenblätter hinzufügen. Alles 20–25 Minuten unter gelegentlichem Rühren köcheln lassen, bis das Fleisch gar ist.

4 Die Limettenhäften aus dem Curry nehmen und wegwerfen. Das Curry mit der Fischsauce würzen. Mit den Limettenvierteln und gedämpftem Reis servieren.

Die Kaffirlimettenblätter mit einem scharfen Messer quer in feine Streifen schneiden.

Kurz vor dem Servieren das fertige Curry mit 1 EL Fischsauce würzen.

NÄHRWERTE PRO PERSON ETWA
615 kcal; 60 g Eiweiß; 40 g Fett; 5 g Kohlenhydrate; 3 g Ballaststoffe; 195 mg Cholesterin

Indisches Butter Chicken

VORBEREITUNGSZEIT: 30 MINUTEN + 4 STUNDEN MARINIERZEIT | GARZEIT: 25 MINUTEN | FÜR 4 PERSONEN

1 kg Hähnchenfleisch (möglichst ausgelöste Schenkel)
1 TL Salz
75 ml Zitronensaft
250 g Joghurt
1 Zwiebel, gewürfelt
2 Knoblauchzehen, zerdrückt
5 cm frischer Ingwer, gerieben
1 grüne Chilischote, gehackt
3 TL Garam Masala
125 ml Tomatenmark
250 g Sahne
2 TL Zucker
¼ TL Chilipulver
1 TL Kurkuma
100 g Butter
1 Kaffirlimettenblatt, in feine Streifen geschnitten, zum Anrichten

NÄHRWERTE PRO PERSON ETWA
805 kcal; 55 g Eiweiß; 60 g Fett; 10 g Kohlenhydrate; 2 g Ballaststoffe; 330 mg Cholesterin

1 Das Hähnchenfleisch in 2 cm dicke Streifen schneiden. Die Streifen in eine flache ofenfeste Form legen; mit dem Salz bestreuen und mit 60 ml Zitronensaft beträufeln.

2 Joghurt mit der Zwiebel, dem Knoblauch, der Hälfte des Ingwers, der gehackten Chilischote und 2 TL Garam Masala in der Küchenmaschine zu einer glatten Paste mixen.

3 Die Joghurtpaste zum Fleisch geben und dieses darin wenden. Zugedeckt für 4 Stunden in den Kühlschrank stellen. Das Fleisch aus der Marinade nehmen und 5 Minuten abtropfen lassen.

4 Den Backofen auf 220 °C vorheizen. Das Fleisch wieder in die Form geben und im Ofen 15 Minuten garen. Anschließend abtropfen lassen, auf einem Teller locker mit Alufolie abdecken und warm halten.

5 Das Tomatenmark mit 125 ml Wasser in einer großen Schüssel verrühren. Die Sahne mit restlichem Ingwer, restlichem Garam Masala, dem Zucker, dem Chilipulver, restlichem Zitronensaft (15 ml) und der Kurkuma unter das angerührte Tomatenmark mischen.

6 Butter in einem großen Topf zerlassen. Tomatenmarkmischung einrühren, alles 2 Minuten kochen lassen, dann die Hitze reduzieren und das Hähnchenfleisch darin in etwa 2 Minuten heiß werden lassen. Auf Reis anrichten, mit Kaffirimettenblattstreifen bestreuen.

Die Hähnchenfleischstreifen salzen und mit Zitronensaft beträufeln.

Den Joghurt mit Zwiebel, Knoblauch, Ingwer, Chili und Garam Masala zu einer Paste mixen.

Die Hähnchenstreifen in die Butter-Tomaten-Sauce geben und darin heiß werden lassen.

Hähnchen mit cremiger Currysauce

VORBEREITUNGSZEIT: 25 MINUTEN | GARZEIT: 40 MINUTEN | FÜR 4 PERSONEN

1 EL Öl
50 g Butter
1 Zwiebel, gewürfelt
2 Knoblauchzehen, zerdrückt
2 TL geriebener frischer Ingwer
1 grüne Chilischote, entkernt und fein gehackt
¼ TL zerdrückte Kardamomsamen
1 TL Garam Masala
1 TL gemahlene Kurkuma
1 EL Mehl
375 ml Hühnerbrühe
80 ml Weinbrand
125 g Sahne
4 große Hähnchenbrustfilets, in Drittel geschnitten und flach gedrückt
geröstete Mandelblättchen und Korianderblätter zum Servieren
Salz und Pfeffer aus der Mühle

1 Das Öl und 25 g Butter in einer großen Kasserollle erhitzen. Die Zwiebel darin bei mittlerer Hitze glasig dünsten. Knoblauch, Ingwer und Chili 1 Minute mitbraten. Kardamom, Garam Masala und Kurkuma unterrühren und ebenfalls 1 Minute mitbraten. Das Mehl darüberstreuen und 1 Minute anschwitzen.

2 Die Kasserolle vom Herd nehmen. Die Hühnerbrühe mit Weinbrand und Sahne verrühren; nach und nach unter Rühren zur Gewürzmischung in den Topf gießen. Wieder auf den Herd stellen und die Sauce unter Rühren erhitzen, bis sie aufkocht und eindickt. Zugedeckt bei schwacher Hitze 15 Minuten köcheln lassen.

3 Inzwischen die restliche Butter (25 g) in einer Pfanne erhitzen und die Hähnchenbruststücke darin anbraten. Anschließend in der Sauce 10–15 Minuten garziehen lassen; die Sauce dickt dabei ein. Die Sauce mit Salz und Pfeffer abschmecken. Auf Reis mit Mandelblättchen und Koriander bestreut servieren.

Die grüne Chilischote entkernen und mit einem scharfen Messer fein hacken.

Brühe mit Weinbrand und Sahne verrühren unter Rühren zur Gewürzmischung gießen.

NÄHRWERTE PRO PERSON ETWA
545 kcal; 40 g Eiweiß; 35 g Fett; 5 g Kohlenhydrate; 2 g Ballaststoffe; 155 mg Cholesterin

Hähnchenleber-Curry

VORBEREITUNGSZEIT: 25 MINUTEN + 2 STUNDEN MARINIERZEIT | GARZEIT: 20 MINUTEN | FÜR 4 PERSONEN

60 ml dunkle Sojasauce
3 Knoblauchzehen, zerdrückt
1 EL Sesamsamen, geröstet
1 TL geröstetes Sesamöl
500 g Hähnchenlebern, in Streifen geschnitten
2 EL Olivenöl
1 Zwiebel, in Streifen geschnitten
1 rote Paprikaschote, in Streifen geschnitten
1 TL gemahlener Koriander
1 TL gemahlener Kreuzkümmel
2 EL Erdnussöl
125 ml Hühnerbrühe
100 g Zuckererbsen, geputzt
geröstete Sesamsamen zum Bestreuen

1 Sojasauce, Knoblauch, Sesamsamen, Sesamöl und 2 EL Wasser mischen. Die Lebern in eine Form legen und mit der Sojasauce-Mischung übergießen. Zugedeckt 2 Stunden im Kühlschrank durchziehen lassen.

2 1 EL Olivenöl in einer großen Pfanne erhitzen. Zwiebel und Paprika darin bei mittlerer Hitze in 5–10 Minuten weich braten. Aus der Pfanne nehmen; beiseitestellen.

3 Die Lebern mit Koriander und Kurkuma bestreuen und kräftig pfeffern. Aus der Form nehmen und abtropfen lassen; die Marinade aufbewahren.

4 Das restliche Olivenöl (1 EL) und das Erdnussöl in einem Topf erhitzen. Die Lebern darin bei starker Hitze 3–5 Minuten braten, dabei öfter wenden; sie sollen fest, aber innen noch leicht rosa sein. Gebratene Zwiebel und Paprika sowie die Marinade in den Topf geben, Brühe und Zuckererbsen hinzufügen. Alles 2–3 Minuten köcheln lassen. Auf Teller verteilen. Mit Sesam bestreuen und sofort servieren. Dazu passt Reis.

Die Marinade gleichmäßig über die Hähnchenlebern in der Form gießen.

Die Hühnerbrühe mit den Zuckerschoten in den Topf geben und alles 2–3 Minuten köcheln lassen.

NÄHRWERTE PRO PERSON ETWA
485 kcal; 35 g Eiweiß; 35 g Fett; 5 g Kohlenhydrate; 2 g Ballaststoffe; 705 mg Cholesterin

Nasi goreng

VORBEREITUNGSZEIT: 25 MINUTEN | GARZEIT: 15 MINUTEN | FÜR 4–6 PERSONEN

5–8 lange rote Chilischoten, entkernt und in Stücke geschnitten
2 TL Garnelenpaste
8 Knoblauchzehen, grob zerkleinert
4 EL Öl
2 Eier, leicht verquirlt
350 g ausgelöstes Hähnchenfleisch, in dünne Streifen geschnitten
200 g geschälte gegarte Garnelen, entdarmt
1 kg gegarter Reis
80 ml Ketjap Manis (süße Sojasauce)
80 ml Sojasauce
2 kleine Gurken, in kleine Würfel geschnitten
1 große Tomate, in kleine Würfel geschnitten
Limettenspalten zum Servieren

1 Chili, Garnelenpaste und Knoblauch im Blitzhacker zu einer Paste mixen.

2 Den Wok sehr stark erhitzen, 1 EL Öl darin durch Schwenken verteilen. Die Eier hineingießen und mithilfe eines Spatels zu einem großen Omelett formen. Bei mittlerer Hitze in 1 Minute stocken lassen, wenden und nochmals 1 Minute braten. Aus dem Wok nehmen, abkühlen lassen und in Streifen schneiden.

3 Den Wok wieder erhitzen. 1 EL Öl hineingeben, das Hähnchenfleisch und die Hälfte der Chilipaste darin bei starker Hitze 4 Minuten pfannenrühren, bis das Fleisch gar ist. Herausnehmen.

4 Erneut 1 EL Öl im Wok erhitzen. Die Garnelen und die restliche Chilipaste darin 3–4 Minuten pfannenrühren, bis die Garnelen gar sind. Herausnehmen.

5 Nochmals 1 EL Öl im Wok erhitzen und den gegarten Reis darin bei mittlerer Hitze in 4–5 Minuten unter Rühren braten. Ketjap Manis und Sojasauce dazugeben, dann Hähnchen und Garnelen unterrühren.

6 Das Gericht abschmecken. Auf Schalen oder Teller verteilen. Omelettstreifen, Gurken und Tomate darauf anrichten. Mit Limettenspalten servieren.

NÄHRWERTE PRO PERSON (BEI 6) ETWA
505 kcal; 30 g Eiweiß; 10 g Fett; 70 g Kohlenhydrate; 4 g Ballaststoffe; 140 mg Cholesterin

Die Garnelen mit einem spitzen Messer am Rücken aufschlitzen und die Därme entfernen.

Chili, Garnelenpaste und Knoblauch im Blitzhacker zu einer Paste verarbeiten.

Hähnchen-Kokos-Curry

VORBEREITUNGSZEIT: 25 MINUTEN | GARZEIT: 30–40 MINUTEN | FÜR 4 PERSONEN

- 1 EL Öl
- 1 große rote Zwiebel, gewürfelt
- 1–2 EL Panang-Currypaste (siehe INFO) oder eine andere milde Currypaste
- 250 ml Kokosmilch
- 500 g Hähnchenbrustfilets, in mundgroße Stücke geschnitten
- 4 Kaffirlimettenblätter
- 100 g Kokosmilch
- 1 EL Fischsauce
- 1 EL Limettensaft
- 2 TL brauner Zucker
- 80 g Erdnusskerne, geröstet und gehackt
- 1 Handvoll Thai-Basilikumblätter
- 80 g frische Ananas, gewürfelt
- süße Chilisauce zum Servieren

1 Das Öl im Wok oder in einer großen Pfanne erhitzen. Zwiebel und Currypaste darin bei mittlerer Hitze 2 Minuten unter Rühren braten. Die Kokosmilch dazugießen und aufkochen lassen.

2 Hähnchenfleisch und Kaffirlimettenblätter untermischen und alles bei schwacher Hitze 15 Minuten köcheln lassen. Das Fleisch mit einem Schaumlöffel herausheben. Die Sauce weitere 5 Minuten köcheln lassen, bis sie cremig ist.

3 Das Hähnchenfleisch wieder in die Sauce geben. Kokosmilch, Fischsauce, Limettensaft und Zucker unterrühren. Das Gericht 5 Minuten kochen lassen, dann die Erdnüsse, das Thai-Basilikum und die Ananas unterheben. Mit Reis servieren.

INFO: *Panang-Paste ist eine eher milde Currypaste. Sie enthält u. a. Chili, Erdnüsse, Zitronengras, Garnelenpaste und Koriandersamen.*

Zwiebelwürfel und Currypaste unter Rühren mit einem Holzspatel in Wok oder Pfanne braten.

Kurz vor dem Servieren Erdnüsse, Thai-Basilikum und Ananas unter das Currygericht rühren.

NÄHRWERTE PRO PERSON

590 kcal; 40 g Eiweiß; 40 g Fett; 16 g Kohlenhydrate; 5 g Ballaststoffe; 65 mg Cholesterin

Thailändisches Nudelgericht

VORBEREITUNGSZEIT: 20 MINUTEN | GARZEIT: 15 MINUTEN | FÜR 4 PERSONEN

500 g frische Eiernudeln (ersatzweise 250 g getrocknete)
1 EL Öl
3 Schalotten, geschält und gehackt
6 Knoblauchzehen, gehackt
2 TL gehackte rote Chilischote (nach Belieben)
1–2 EL rote Currypaste
350 g Hähnchenbrustfilet, in dünne Scheiben geschnitten
1 Möhre, in dünne Streifen geschnitten
2 EL Fischsauce
2 TL brauner Zucker
3 Frühlingszwiebeln, in dünne Ringe geschnitten
1 kleine Handvoll Korianderblätter

1 Die Nudeln in Wasser nach Packungsangabe bissfest garen. Abgießen und warm halten.

2 Inzwischen das Öl im Wok oder in einer großen Pfanne stark erhitzen. Schalotten, Knoblauch, Chili und Currypaste darin 2 Minuten unter Rühren braten, bis Duft aufsteigt. Das Hähnchenfleisch in zwei Portionen jeweils 3 Minuten mit den Gewürzen braten, bis es Farbe annimmt.

3 Alles Fleisch wieder in den Wok geben. Möhre, Fischsauce und Zucker hinzufügen und aufkochen lassen. Die Nudeln auf Schalen oder tiefe Teller verteilen; Hähnchenfleisch und Frühlingszwiebeln darauf anrichten und locker untermischen. Das Gericht mit Korianderblättern bestreuen und sofort servieren.

HINWEIS: *Das Gericht sofort servieren, damit die Nudeln nicht durchweichen.*

Mit einem einem scharfen Messer lassen sich die Schalotten leicht schälen und hacken.

Das gebratene Fleisch zurück in den Wok geben. Möhre, Fischsauce und Zucker hinzufügen.

NÄHRWERTE PRO PERSON ETWA
610 kcal; 37 g Eiweiß; 10 g Fett; 92 g Kohlenhydrate; 5 g Ballaststoffe; 65 mg Cholesterin

Vietnamesisches Hähnchencurry

VORBEREITUNGSZEIT: 30 MINUTEN | GARZEIT: 1 STUNDE | FÜR 4 PERSONEN

1,5 kg Hähnchenteile
2 EL Öl
4 Knoblauchzehen, fein gehackt
5 cm frischer Ingwer, fein gehackt
2 Stängel Zitronengras, nur das Weiße, fein gehackt
2 TL Chiliflocken
2 EL Currypulver
2 Zwiebeln, gewürfelt
2 TL Zucker
1 TL Salz
375 ml Kokosmilch
klein geschnittener chinesischer Schnittlauch (Schnittknoblauch), Korianderblätter und geröstete Erdnusskerne zum Bestreuen

NÄHRWERTE PRO PERSON ETWA
525 kcal; 60 g Eiweiß; 26 g Fett; 11 g Kohlenhydrate; 6 g Ballaststoffe; 125 mg Cholesterin

1 Mit einem großen, schweren Messer oder dem Hackbeil die Hähnchenteile jeweils in zwei Stücke teilen.

2 Das Öl in einem großen Topf erhitzen. Knoblauch, Ingwer, Zitronengras, Chiliflocken und Currypulver darin bei mittlerer Hitze 3 Minuten unter Rühren braten, bis Duft aufsteigt. Die Hähnchenteile dazugeben und mit den Zwiebeln, dem Zucker und Salz vorsichtig untermischen. Zugedeckt 8 Minuten kochen lassen, bis die Zwiebel weich ist. Den Topfinhalt gründlich mischen, um die Hähnchenteile gut mit der Würzmischung zu umhüllen. Die Hähnchenteile zugedeckt bei schwacher Hitze 15 Minuten schmoren – dabei entsteht ein feiner Sud.

3 Die Kokosmilch und etwa 125 ml Wasser zu den Hähnchenteilen gießen. Aufkochen lassen, dabei gelegentlich rühren. Anschließend offen 30 Minuten bei schwacher Hitze köcheln lassen, bis das Fleisch gar und ganz zart ist. Auf Teller verteilen, mit chinesischem Schnittlauch, Korianderblättern und Erdnüssen bestreuen und sofort servieren.

HINWEIS: *Currypulver ist in verschiedenen Mischungen erhältlich, z. B. speziell für Fleisch, Hähnchen und Fisch. Chinesischer Schnittlauch ist faseriger und schärfer als der hiesige; man bekommt ihn im Asienladen.*

Jedes Hähnchenteil in zwei Stücke hacken (oder bitten Sie Ihren Fleischer darum, dies zu tun).

Die Hähnchenteile, am besten mithilfe von zwei Holzlöffeln, in der Würzmischung wenden.

Kokosmilch und Wasser zu den Hähnchenteilen in den Topf gießen; alles gut miteinander verrühren.

Wok-Hähnchen mit Cashews

VORBEREITUNGSZEIT: 30 MINUTEN | GARZEIT: 20 MINUTEN | FÜR 4–6 PERSONEN

Öl zum Braten
750 g Hähnchenfleisch (möglichst ausgelöste Schenkel), in Streifen geschnitten
2 Eiweiß, leicht verquirlt
60 g Speisestärke
2 Zwiebeln, in dünne Ringe geschnitten
1 rote Paprikaschote, in mundgerechte Stücke geschnitten
200 g Brokkoli, in kleine Röschen geteilt
2 EL Sojasauce
2 EL trockener Sherry
1 EL Austernsauce
50 g geröstete Cashewnusskerne
4 Frühlingszwiebeln, schräg in Ringe geschnitten
Salz und Pfeffer aus der Mühle

1 Einen Wok sehr stark erhitzen. 1 EL Öl darin durch Schwenken verteilen. Etwa ein Viertel der Hähnchenstreifen in das Eiweiß tauchen und dann in der Speisestärke wälzen. In den Wok geben und 3–5 Minuten pfannenrühren, bis das Fleisch goldbraun und gerade gar ist. Auf Küchenpapier entfetten; das restliche Fleisch ebenso braten, dabei den Wok jedes Mal erneut erhitzen und etwas Öl darin verteilen.

2 1 EL Öl im Wok erhitzen. Zwiebeln, Paprika und Brokkoli bei mittlerer Hitze 4–5 Minuten darin pfannenrühren, bis das Gemüse bissfest. Die Hitze erhöhen; Sojasauce, Sherry und Austernsauce unter das Gemüse rühren und aufkochen lassen.

3 Das Hähnchenfleisch in den Wok zum Gemüse geben. Alles bei starker Hitze 1–2 Minuten unter Rühren barten – das Fleisch soll anschließend heiß und völlig gar sein. Das Gericht mit Salz und Pfeffer abschmecken. Cashews und Frühlingszwiebeln unterheben. Servieren.

Die Hähnchenfleischstreifen erst im Eiweiß, dann in der Speisestärke wenden.

Anschließend das Hähnchenfleisch portionsweise im Wok pfannenrühren, bis es goldbraun ist.

NÄHRWERTE PRO PERSON (BEI 6) ETWA
330 kcal; 35 g Eiweiß; 15 g Fett; 15 g Kohlenhydrate; 3 g Ballaststoffe; 60 mg Cholesterin

Grünes Hähnchencurry

VORBEREITUNGSZEIT: 20 MINUTEN | GARZEIT: 25 MINUTEN | FÜR 4 PERSONEN

1 EL Öl
1 Zwiebel, gewürfelt
1–2 EL grüne Currypaste
375 ml Kokosmilch
500 g Hähnchenfleisch (möglichst ausgelöste Schenkel), in mundgerechte Stücke geschnitten
100 g grüne Bohnen, in kurze Stücke geschnitten
6 Kaffirlimettenblätter
1 EL Fischsauce
1 EL Limettensaft
1 TL abgeriebene Limettenschale
2 TL brauner Zucker
1 Handvoll Korianderblätter

1 Im Wok oder in einer großen hohen Pfanne das Öl erhitzen. Zwiebel und Currypaste darin unter ständigem Rühren etwa 1 Minute braten. Kokosmilch und 125 ml Wasser dazugießen und aufkochen lassen.

2 Hähnchenfleisch, Bohnen und Kaffirlimettenblätter unter die Kokos-Curry-Mischung rühren. Bei schwacher Hitze offen 15–20 Minuten köcheln lassen, bis das Fleisch gar ist. Fischsauce, Limettensaft, Limettenschale und Zucker hinzufügen. Das Curry auf Schalen oder tiefe Teller verteilen, mit Korianderblättern bestreuen und sofort servieren. Dazu passt Reis.

HINWEIS: *Das Fleisch von Hähnchenschenkeln ist besonders gut für Hähnchencurrys geeignet, weil es einen kräftigen Geschmack hat und saftig ist. Sie können auch Hähnchenbrustfilets verwenden, dann sollten Sie allerdings die Garzeit reduzieren, damit das Fleisch nicht zu trocken wird.*

Kokosmilch und Wasser unter die Zwiebel-Curry-Mischung im Wok rühren.

Nach dem Garen Fischsauce, Limettensaft, Limettenschale und Zucker unter das Curry rühren.

NÄHRWERTE PRO PERSON ETWA
405 kcal; 32 g Eiweiß; 28 g Fett; 8 g Kohlenhydrate; 3 g Ballaststoffe; 65 mg Cholesterin

Hähnchencurry auf indonesische Art

VORBEREITUNGSZEIT: 15 MINUTEN | GARZEIT: 1 STUNDE | FÜR 6 PERSONEN

1,5 kg Hähnchenschenkel
1 große Zwiebel, grob gewürfelt
1 große Knoblauchzehe, grob zerkleinert
2 cm frischer Ingwer, grob zerkleinert
½ TL gemahlene Kurkuma
1 TL Salz
½ TL frisch gemahlener Pfeffer
2 TL gemahlener Koriander
3 Streifen Zitronenschale oder 3 Kaffirlimettenblätter
400 ml Kokosmilch
2 TL brauner Zucker oder Palmzucker
schwarzer Pfeffer aus der Mühle

1 Die Hähnchenkeulen von sichtbarem Fett befreien. Zwiebel, Knoblauch und Ingwer im Blitzhacker fein zerkleinern, bis eine glatte Paste entstanden ist; falls nötig, etwas Wasser dazugeben. Die Hähnchenschenkel mit der Zwiebelpaste und allen anderen Zutaten in einen Topf geben, 250 ml Wasser dazugießen und bei schwacher Hitze aufkochen lassen.

2 Die Hähnchenschenkel zugedeckt 45 Minuten schmoren, dabei gelegentlich wenden; aus dem Topf nehmen. Zitronenschale oder Limettenblätter aus der Sauce nehmen; wegwerfen.

3 Die Sauce in der Pfanne aufkochen, dann bei mittlerer Hitze unter gelegentlichem Rühren offen köcheln lassen, bis sie dick und cremig ist. Die Hähnchenschenkel in der Grillpfanne oder auf dem Grill auf beiden Seiten knusprig rösten. Auf Reis anrichten. Die Sauce über das Fleisch gießen und mit schwarzem Pfeffer übermahlen. Sofort servieren.

NÄHRWERTE PRO PERSON ETWA
425 kcal; 58 g Eiweiß; 20 g Fett; 5 g Kohlenhydrate; 2 g Ballaststoffe; 125 mg Cholesterin

Die Zwiebelpaste und alle anderen Zutaten zu den Hähnchenschenkeln im Topf geben.

Die Hähnchenschenkel 45 Minuten schmoren, dann aus dem Topf nehmen.

Die Sauce bei mittlerer Hitze dick und cremig einkochen lassen.

Burmesisches Hähnchencurry

VORBEREITUNGSZEIT: 45 MINUTEN | GARZEIT: 1 STUNDE | FÜR 6 PERSONEN

1 kg Hähnchenunterschenkel
2 große Zwiebeln, grob gewürfelt
3 große Knoblauchzehen, geschält
5 cm frischer Ingwer, geschält
2 EL Erdnussöl
½ EL Garnelenpaste oder 3 EL Fischsauce
500 ml Kokosmilch
1 TL Chilipulver (nach Belieben), Salz

BEILAGEN

200 g Glasnudeln
6 Frühlingszwiebeln, in Ringe geschnitten
4 EL gehacktes Koriandergrün
2 EL Knoblauchflocken (Gewürzregal), leicht geröstet
2 EL Zwiebelflocken, leicht geröstet
3 Zitronen, in Spalten geschnitten
4 getrocknete Chilischoten, in Öl frittiert
60 ml Fischsauce

1 Die Hähnchenschenkel trocken tupfen. Zwiebeln, Knoblauch und Ingwer in der Küchenmaschine zu einer glatten Paste pürieren, falls nötig, etwas Wasser dazugeben.

2 Das Öl in einem Topf erhitzen. Zwiebel- und die Garnelenpaste darin bei starker Hitze 5 Minuten unter Rühren anbraten. Hähnchenschenkel darin bei mittlerer Hitze in 5 Minuten anbraten. Die Kokosmilch mit etwas Salz und Chilipulver dazugießen und aufkochen lassen, dann bei schwacher Hitze zugedeckt 30 Minuten schmoren, dabei ab und zu umrühren. Anschließend offen noch 15 Minuten köcheln lassen, bis das Fleisch gar und die Sauce eingekocht ist.

3 Die Nudeln in einer Schüssel mit kochend heißem Wasser übergießen und nach Packungsangabe quellen lassen. Abgießen, mit einer Schere zerkleinern und in eine Schale füllen. Alle anderen Zutaten für die Beilagen einzeln in Schalen füllen. Jeder nimmt sich Nudeln, Curry und von den übrigen Beilagen – ganz nach Belieben.

Zwiebel, Knoblauch und Ingwer in der Küchenmaschine zu einer glatten Paste mixen.

Die Kokosmilch mit dem Chilipulver in den Topf zu den Hähnchenschenkeln gießen.

NÄHRWERTE PRO PERSON ETWA
435 kcal 33 g Eiweiß; 27 g Fett; 15 g Kohlenhydrate; 5 g Ballaststoffe; 60 mg Cholesterin

Safranhähnchen

VORBEREITUNGSZEIT: 25 MINUTEN | GARZEIT: 1 STUNDE 20 MINUTEN | FÜR 6 PERSONEN

1 TL Safranfäden
2 EL heißes Wasser
2 EL Öl
2 Zwiebeln, gewürfelt
3 Knoblauchzehen, zerdrückt
3 cm frischer Ingwer, fein gehackt
2 rote Chilischoten, entkernt und in Streifen geschnitten
1 TL gemahlener Kardamom
1 TL Kreuzkümmel
1 TL gemahlene Kurkuma
2 kg Hähnchenteile
500 ml Hühnerbrühe
Salz und Pfeffer aus der Mühle

1 Die Safranfäden in einer Pfanne bei schwacher Hitze 1–2 Minuten rösten. In eine kleine Schüssel geben, mit dem heißen Wasser übergießen und beiseitestellen.

2 Das Öl in einem Topf bei mittlerer Hitze heiß werden lassen. Zwiebeln, Knoblauch, Ingwer und Chili dazugeben. Zugedeckt 10 Minuten dünsten, bis die Zwiebeln weich sind.

3 Kardamom, Kreuzkümmel und Kurkuma untermischen und alles bei mittlerer Hitze 2 Minuten weiterbraten. Die Hähnchenteile in den Topf geben und bei starker Hitze 3 Minuten rundherum anbraten. Safranwasser und Hühnerbrühe dazugießen und aufkochen lassen. Die Hähnchenteile bei schwacher Hitze zugedeckt 30 Minuten schmoren, dabei ab und zu wenden.

4 Das Gericht weitere 20 Minuten offen kochen lassen. Die Hähnchenteile herausnehmen und warm halten. Die Sauce bei sehr starker Hitze um ein Viertel einkochen und über die Hähnchenteile gießen. Mit Salz und frisch gemahlenem schwarzem Pfeffer bestreuen. Mit Reis servieren.

Die Safranfäden in einer Pfanne bei schwacher Hitze 1–2 Minuten rösten.

Hähnchenteile im Topf anbraten, das Safranwasser und die Brühe dazugießen.

NÄHRWERTE PRO PERSON ETWA
345 kcal, 45 g Eiweiß; 15 g Fett; 3 g Kohlenhydrate; 1 g Ballaststoffe; 155 mg Cholesterin

Hähnchencurry mit Spinat

VORBEREITUNGSZEIT: 25 MINUTEN | GARZEIT: 1 STUNDE 45 MINUTEN | FÜR 4 PERSONEN

2 EL Ghee (geklärte Butter; ersatzweise Butterschmalz)
1 kg Hähnchenschenkel
1 EL scharfes Currypulver
1 EL Currypaste
½ TL schwarze Senfsamen
½ TL gemahlener Koriander
1 TL Paprikapulver
¼ TL gemahlener Zimt
½ TL gemahlener Kreuzkümmel
½ TL gemahlene Kurkuma
1 EL fein gehackte Korianderwurzel
2 Knoblauchzehen, zerdrückt
2 cm frischer Ingwer, gerieben
1 Zwiebel, gewürfelt
1 kg Kartoffeln, geviertelt
375 ml Hühnerbrühe
1 EL Zitronensaft
2 Dosen geschälte Tomaten (je 400 g)
250 g TK-Spinat, aufgetaut
60 ml Kokosmilch
Salz und Pfeffer aus der Mühle

1 1 EL Ghee in einem Topf zerlassen. Die Hähnchenschenkel darin portionsweise rundherum in jeweils 2–3 Minuten anbraten; herausnehmen. Das restliche Ghee im Topf zerlassen. Currypulver, Currypaste und alle anderen Gewürze darin bei schwacher Hitze 1–2 Minuten braten, bis Duft aufsteigt. Die Hitze erhöhen; Korianderwurzel, Knoblauch, Ingwer und Zwiebel in den Topf geben. Alles 3–5 Minuten braten, bis die Zwiebel weich ist.

2 Die Hähnchenteile wieder in den Topf geben, die Kartoffeln hinzufügen und alles in der Gewürzmischung wenden. Großzügig mit Salz und Pfeffer würzen. Die Hühnerbrühe unter Rühren dazugießen, dabei den Bratsatz vom Topfboden lösen. Zitronensaft und Tomaten dazugeben und aufkochen lassen. Die Fleischteile zugedeckt bei schwacher Hitze 1–1½ Stunden schmoren, bis das Fleisch von den Knochen fällt.

3 Die Hähnchenschenkel aus dem Topf nehmen und abkühlen lassen. Das Fleisch von den Knochen lösen und in den Topf geben. Spinat und Kokosmilch unterrühren und das Gericht noch 3–5 Minuten köcheln lassen. Mit körnig gegartem Reis servieren.

NÄHRWERTE PRO PERSON ETWA
505 kcal; 36 g Eiweiß; 20 g Fett; 45 g Kohlenhydrate; 12 g Ballaststoffe; 130 mg Cholesterin

Die Hähnchenschenkel im heißen Ghee portionsweise rundherum anbraten.

Currypulver, Currypaste und alle trockenen Gewürze braten, bis sie duften.

Die Hähnchenschenkel und die Kartoffeln vorsichtig in der Gewürzmischung wenden.

Reisnudeln mit Hähnchen

VORBEREITUNGSZEIT: 25 MINUTEN | GARZEIT: 10–15 MINUTEN | FÜR 4–6 PERSONEN

200 g dünne Reisnudeln (Vermicelli)
1½ EL Öl
1 EL rote Currypaste
Fleisch von 3 Hähnchenschenkeln, in schmale Streifen geschnitten
1–2 TL gehackte rote Chilischote
2 EL Fischsauce
2 EL Limettensaft
100 g Mungobohnensprossen
80 g Erdnusskerne, gehackt und geröstet
2 EL frittierte Zwiebeln (Fertigprodukt)
2 EL Knoblauchscheiben, knusprig frittiert
1 große Handvoll Korianderblätter

1 Die Nudeln in kochendem Wasser nach Packungsangabe garen. Abgießen und 2 TL Öl untermischen, damit sie nicht zusammenkleben. Beiseitestellen.

2 Das restliche Öl im Wok erhitzen. Die Currypaste dazugeben und 1 Minute unter Rühren braten, bis sie duftet. Portionsweise das Hähnchenfleisch darin jeweils 2 Minuten pfannenrühren, bis es goldbraun ist. Das gesamte Fleisch in den Wok geben.

3 Chilischote, Fischsauce und Limettensaft zum Fleisch geben, aufkochen und 1 Minute köcheln lassen. Die Bohnensprossen und die Nudeln unter das gewürzte Fleisch mischen. Das Nudelgericht auf einer Platte anrichten oder auf Teller verteilen und mit Erdnüssen, Zwiebeln, Knoblauch und Korianderblättern bestreuen. Sofort servieren.

2 TL Öl am besten mithilfe von zwei Holzlöffeln unter die Nudeln heben.

Das Hähnchenfleisch portionsweise 2 Minuten braten, dann das gesamte Fleisch in den Wok geben.

NÄHRWERTE PRO PERSON (BEI 6) ETWA
345 kcal; 32 g Eiweiß; 20 g Fett; 12 g Kohlenhydrate; 3 g Ballaststoffe; 55 mg Cholesterin

Frittierte Nudeln

VORBEREITUNGSZEIT: 30 MINUTEN + 20 MINUTEN ZUM TROCKNEN | GARZEIT: 20 MINUTEN | FÜR 4 PERSONEN

100 g dünne Reisnudeln (Vermicelli)
500 ml Öl zum Frittieren
100 g Tofu, in Streifen geschnitten
2 Knoblauchzehen, fein gewürfelt
4 cm frischer Ingwer, gerieben
150 g gehacktes Hähnchenfleisch
100 g geschälte rohe Garnelen, fein gehackt
1 EL Weißweinessig
2 EL Fischsauce
2 EL Zucker
2 EL Chilisauce
1 TL gehackte rote Chilischote
2 kleine Zehen eingelegter Knoblauch, gewürfelt
1 Handvoll chinesischer Schnittlauch (Schnittknoblauch), klein geschnitten
1 große Handvoll Korianderblätter

1 Die Nudeln in einer Schüssel mit heißem Wasser übergießen und 1 Minute einweichen. Abgießen und 20 Minuten trocknen lassen. Das Öl im Wok oder in einer hohen Pfanne erhitzen und den Tofu darin in zwei Portionen jeweils in 1 Minute golden und knusprig braten. Herausnehmen und abtropfen lassen.

2 Die getrockneten Nudeln portionsweise in je 10 Sekunden knusprig braten. Sofort herausheben, damit sie sich nicht voll Öl saugen. Auf Küchenpapier abtropfen und abkühlen lassen.

3 Das Öl, bis auf 1 EL, aus Wok oder Pfanne gießen. Wok oder Pfanne stark erhitzen; Knoblauch, Ingwer, Hähnchen- und Garnelenfleisch hinzufügen; 2 Minuten unter Rühren braten. Essig, Fischsauce, Zucker, Chilisauce und Chili unterrühren; aufkochen lassen.

4 Kurz vor dem Servieren frittierte Nudeln und Tofustreifen unter die Hähnchen-Garnelen-Mischung heben. Den eingelegten Knoblauch, den Schnittlauch und den Koriander rasch unterrühren. Sofort servieren.

NÄHRWERTE PRO PERSON ETWA
325 kcal; 19 g Eiweiß; 15 g Fett; 27 g Kohlenhydrate; 1 g Ballaststoffe; 63 mg Cholesterin

Die Tofustreifen in 1 Minute goldbraun frittieren. Mit einem Schaumlöffel aus dem Öl heben.

Kurz vorm Servieren frittierte Nudeln und Tofustreifen unter die Hähnchenmischung heben.

Ingwerhähnchen mit Pilzen und Nudeln

VORBEREITUNGSZEIT: 20 MINUTEN + EINWEICHZEIT | GARZEIT: 15 MINUTEN | FÜR 4 PERSONEN

4 getrocknete Shiitakepilze
2 TL Speisestärke
2 EL Sojasauce
2 EL Austernsauce
1 EL Mirin (süßer Reiswein) oder Cream Sherry
200 g asiatische Weizennudeln
1 TL Sesamöl
Öl zum Braten
2–3 Knoblauchzehen, zerdrückt
8 cm frischer Ingwer, in dünne Streifen geschnitten
400 g Hähnchenbrustfilet, in dünne Streifen geschnitten
1 rote Zwiebel, in Spalten geschnitten
6 Frühlingszwiebeln, in kurze Stücke geschnitten
200 g Champignons, in dicke Scheiben geschnitten
100 g Mungobohnensprossen
1 Handvoll Minzeblätter

NÄHRWERTE PRO PERSON ETWA
395 kcal; 30 g Eiweiß; 9 g Fett; 45 g Kohlenhydrate; 6 g Ballaststoffe; 45 mg Cholesterin

1 Die getrockneten Pilze in einer Schüssel mit kochend heißem Wasser übergießen und quellen lassen. Abgießen und ausdrücken. Die Stiele entfernen und die Hüte, je nach Größe, klein schneiden.

2 Die Speisestärke mit 60 ml Wasser glatt rühren. Sojasauce, Austernsauce und Mirin untermischen.

3 Die Nudeln nach Packungsangabe in Salzwasser kochen. Abgießen und beiseitestellen.

4 Den Wok stark erhitzen. Sesamöl und 1 EL Öl hineingeben und durch Schwenken verteilen. Knoblauch, Ingwer und Hähnchenfleisch im heißen Öl portionsweise bei starker Hitze 2–3 Minuten unter Rühren braten, bis das Fleisch gar ist. Herausnehmen, beiseitestellen.

5 Den Wok wieder erhitzen, 1 EL Öl hineingießen; die rote Zwiebel und die Frühlingszwiebeln darin 1–2 Minuten unter Rühren weich braten. Shiitakepilze und Champignons dazugeben; 1–2 Minuten pfannenrühren. Herausnehmen und beiseitestellen.

6 Die Sojasauce-Mischung in den Wok gießen, aufkochen und 1–2 Minuten kochen lassen, bis sie etwas eindickt. Hähnchenfleisch, Zwiebel-Pilz-Mischung, Sprossen, Nudeln und Minze unter die Sauce heben und heiß werden lassen. Sofort servieren.

Die getrockneten Pilze mit kochend heißem Wasser übergießen und quellen lassen.

Die Weizennudeln in einem großen Topf in Salzwasser nach Packungsangabe garen.

Honighähnchen

VORBEREITUNGSZEIT: 15 MINUTEN | GARZEIT: 25 MINUTEN | FÜR 4 PERSONEN

Öl zum Braten
500 g ausgelöste Hähnchenschenkel ohne Haut, in Würfel geschnitten
1 Eiweiß, leicht verquirlt
40 g Speisestärke
2 Zwiebeln, in dünne Streifen geschnitten
1 grüne Paprikaschote, gewürfelt
2 Möhren, in dünne Stäbchen geschnitten
100 g Zuckererbsen, halbiert
90 g Honig
2 EL geröstete Mandeln
Salz und Pfeffer aus der Mühle

1 Den Wok sehr stark erhitzen. Nach und nach 1½ EL Öl dazugeben und durch Schwenken verteilen. Die Hälfte des Hähnchenfleischs zuerst im Eiweiß, dann in der Speisestärke wenden. Bei starker Hitze im Wok 4–5 Minuten pfannenrühren, bis das Fleisch goldbraun und gerade gar ist. Herausnehmen und auf Küchenpapier entfetten. Das restliche Fleisch genauso zubereiten und herausnehmen.

2 Den Wok wieder erhitzen. 1 EL Öl hineingeben und die Zwiebelspalten darin bei starker Hitze 3–4 Minuten unter Rühren braten. Paprika und Möhren hinzufügen und in 3–4 Minuten weich braten. Die Zuckererbsen noch 2 Minuten mitbraten.

3 Den Honig über das Gemüse träufeln und locker unterheben, bis das Gemüse vom Honig überzogen ist. Das Hähnchenfleisch untermischen, ebenfalls mit Honig überziehen und heiß werden lassen. Das Gericht mit Salz und Pfeffer kräftig abschmecken. Mit den Mandeln bestreuen und sofort servieren.

Das Hähnchenfleisch in das Eiweiß tauchen, dann mit Speisestärke umhüllen.

Hähnchenfleisch im Wok pfannenrühren, bis es goldbraun und gerade gar ist.

NÄHRWERTE PRO PERSON ETWA
435 kcal, 35 g Eiweiß; 20 g Fett; 35 g Kohlenhydrate; 4 g Ballaststoffe; 60 mg Cholesterin

Knusperhähnchen

VORBEREITUNGSZEIT: 1 STUNDE + ABKÜHLZEIT | GARZEIT: 20 MINUTEN | FÜR 4 PERSONEN

1 Hähnchen (1,3 kg)
1 EL Honig
1 Sternanis
1 Streifen getrocknete Mandarinenschale
1 TL Salz
Öl zum Frittieren
2 Zitronen, in Spalten geschnitten

GEWÜRZSALZ
2 EL Meersalz
1 TL weiße Pfefferkörner
½ TL Fünf-Gewürzpulver
½ TL gemahlener weißer Pfeffer

1 Hähnchen in einem Topf mit kaltem Wasser bedecken. Honig, Sternanis, Mandarinenschale und Salz dazugeben. Aufkochen, dann bei schwacher Hitze 15 Minuten kochen lassen. Vom Herd nehmen; zugedeckt 15 Minuten stehen lassen. Das Hähnchen auf eine Platte heben und abkühlen lassen. Längs halbieren, auf Küchenpapier legen und offen 20 Minuten kühl stellen.

2 Das Öl zum Frittieren im Wok oder in einer hohen Pfanne erhitzen. Es ist heiß genug, wenn ein Brotwürfel darin in 30 Sekunden bräunt. Eine Hähnchenhälfte behutsam mit der Haut nach unten hineinlegen. 6 Minuten frittieren, dann wenden und weitere 6 Minuten frittieren. Darauf achten, dass die Haut des Hähnchens immer mit Öl bedeckt ist. Herausheben und auf Küchenpapier entfetten. Zweite Hälfte frittieren.

3 Für das Gewürzsalz Salz und Pfefferkörner in einer Pfanne erhitzen, bis das Salz braun wird. Im Mörser zerstoßen. Mit Fünf-Gewürzpulver und Pfeffer mischen. Hähnchen in Stücke teilen, mit Gewürzsalz und Zitronenspalten servieren.

HINWEIS: *Mandarinenschale können Sie trocknen, indem Sie die Schale vom weißen Bast befreien und im 180 °C heißen Backofen 15 Minuten trocknen lassen.*

NÄHRWERTE PRO PERSON ETWA
355 kcal; 45 g Eiweiß; 15 g Fett; 7 g Kohlenhydrate; 2 g Ballaststoffe; 100 mg Cholesterin

Das abgekühlte Hähnchen mit einer Küchenschere der Länge nach halbieren.

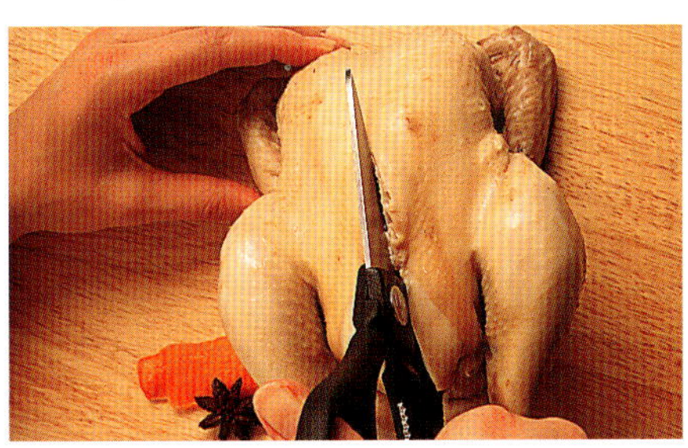

Die Hähnchenhälften mit den Hautseiten nach unten in das heiße Fett geben.

Hühnchen-Chow-Mein

VORBEREITUNGSZEIT: 25 MINUTEN + 1 STUNDE MARINIERZEIT | GARZEIT: 25 MINUTEN | FÜR 4–6 PERSONEN

500 g Hähnchenfleisch, in kleine Würfel geschnitten
2 EL Speisestärke
3 EL Sojasauce
1 EL Austernsauce
2 TL Zucker
3 EL Öl zum Braten
2 Zwiebeln, in dünne Streifen geschnitten
2 Knoblauchzehen, fein gewürfelt
2 EL gehackter frischer Ingwer
1 grüne Paprikaschote, gewürfelt
2 Stangen Sellerie, schräg in Stücke geschnitten
8 Frühlingszwiebeln, in kleine Stücke geschnitten
100 g Champignons, in dünne Scheiben geschnitten
100 g Wasserkastanien (aus der Dose), in dünne Scheiben geschnitten
1 EL trockener Sherry
125 ml Hühnerbrühe
100 g Chinakohl, gehobelt oder in feine Streifen geschnitten
200 g frittierte Nudeln (siehe Rezept Seite 107)
Salz und Pfeffer aus der Mühle

1 In einer Schüssel das Hähnchenfleisch mit 1 EL Speisestärke, 2 EL Sojasauce, der Austernsauce und dem Zucker mischen. Zugedeckt für 1 Stunde im Kühlschrank durchziehen lassen.

2 Den Wok sehr stark erhitzen. 1 EL Öl darin durch Schwenken verteilen. Das Hähnchenfleisch aus der Marinade nehmen und im Wok in zwei Portionen bei starker Hitze 4–5 Minuten braten, bis es gar ist. Zwischendurch weiteres Öl in den Wok geben. Das gesamte Fleisch aus dem Wok nehmen und beiseitestellen.

3 Den Wok wieder erhitzen. 1 EL Öl hineingeben und die Zwiebeln darin bei mittlerer Hitze 3–4 Minuten unter Rühren braten, bis sie weich sind. Knoblauch, Ingwer, Paprika, Sellerie, Frühlingszwiebeln, Champignons und Wasserkastanien untermischen. Bei starker Hitze 3–4 Minuten pfannenrühren, bis das Gemüse weich ist.

4 Sherry, Hühnerbrühe und die restliche Sojasauce (1 EL) mischen, die restliche Speisestärke (1 EL) darin anrühren. Die Flüssigkeit in den Wok gießen. Aufkochen, dann 1–2 Minuten bei schwacher Hitze köcheln lassen, bis die Sauce leicht eindickt. Chinakohl untermischen und zugedeckt in 1–2 Minuten zusammenfallen lassen. Das Hähnchenfleisch unterheben und erhitzen. Das Gericht mit Salz und Pfeffer abschmecken. Die Nudeln auf eine Servierplatte geben; das Hühnchen-Chow-Mein darauf anrichten. Sofort servieren.

Speisestärke mit Sherry, Brühe und Sojasauce anrühren; zum Gemüse in den Wok gießen.

NÄHRWERTE PRO PERSON (BEI 6) ETWA
265 kcal; 25 g Eiweiß; 9 Fett g; 20 g Kohlenhydrate; 4 g Ballaststoffe; 55 mg Cholesterin

Nudeln mit Hähnchen und Bohnen

VORBEREITUNGSZEIT: 15 MINUTEN | GARZEIT: 15 MINUTEN | FÜR 2–3 PERSONEN

2 TL fermentierte schwarze Bohnen (aus der Dose)
Öl zum Braten
2 TL Sesamöl
500 g Hähnchenfleisch, in Streifen geschnitten
3 Knoblauchzehen, in sehr dünne Scheiben geschnitten
4 Frühlingszwiebeln, gehackt
1 TL Zucker
1 rote Paprikaschote, in Streifen geschnitten
100 g grüne Bohnen (Prinzessbohnen), in kurze Stücke geschnitten
250 g asiatische Weizennudeln
2 EL Austernsauce
1 EL Sojasauce

1 Die schwarzen Bohnen in einem Sieb unter fließendem Wasser abspülen, abtropfen lassen und grob hacken.

2 Den Wok sehr stark erhitzen. 1 EL Öl und das Sesamöl dazugeben und durch Schwenken im Wok verteilen. Das Hähnchenfleisch in drei Portionen darin unter Rühren anbraten. Aus dem Wok nehmen und beiseitestellen.

3 Den Wok wieder erhitzen. 1 EL Öl hineingeben und Knoblauch und Frühlingszwiebeln darin 1 Minute pfannenrühren. Schwarze Bohnen, Paprika und grüne Bohnen 1 Minute mitbraten. Das Ganze mit 2 EL Wasser beträufeln und zugedeckt 2 Minuten dämpfen.

4 Die Nudeln nach Packungsangabe garen. Mit dem Hähnchenfleisch unter die Bohnenmischung heben, dann Austernsauce und Sojasauce untermischen.

Das Hähnchenfleisch in dünne Streifen schneiden, dabei alles sichtbare Fett entfernen.

Die schwarzen Bohnen wässern, abtropfen lassen und mit einem scharfen Messer grob hacken.

NÄHRWERTE PRO PERSON (BEI 3) ETWA
595 kcal; 50 g Eiweiß; 20 g Fett; 50 g Kohlenhydrate; 2 g Ballaststoffe; 85 mg Cholesterin

Ingwerhähnchen mit Mu-Err-Pilzen

VORBEREITUNGSZEIT: 25 MINUTEN | GARZEIT: 15 MINUTEN | FÜR 4 PERSONEN

15 g getrocknete Mu-Err-Pilze (siehe HINWEIS)
1 EL Öl
3 Knoblauchzehen, gewürfelt
6 cm frischer Ingwer, in feine Streifen geschnitten
500 g Hähnchenbrustfilet, in Scheiben geschnitten
4 Frühlingszwiebeln, gehackt
1 EL Sojasauce
1 EL Fischsauce
2 TL brauner Zucker
½ rote Paprikaschote, in dünne Streifen geschnitten
1 Handvoll Korianderblätter
4 EL Thai-Basilikumblätter

1 Die Pilze mit kochend heißem Wasser übergießen und 15 Minuten quellen lassen – sie werden dabei weich und groß. Abgießen und grob hacken.

2 Das Öl in einem großen Wok erhitzen. Zuerst Knoblauch und Ingwer darin 1 Minute pfannenrühren, dann das Hähnchenfleisch portionsweise jeweils bei starker Hitze 2–3 Minuten unter Rühren mitbraten. Das gesamte Fleisch in den Wok geben, Frühlingszwiebeln und Sojasauce untermischen und 1 Minute braten.

3 Fischsauce, Zucker und Pilze in den Wok geben. Gut unterrühren und zugedeckt 2 Minuten köcheln lassen. Das Gericht auf Teller verteilen, mit Paprikastreifen, Koriander und Thai-Basilikum bestreuen und sofort servieren.

HINWEIS: *Mu-Err-Pilze sind getrocknet im Asienladen erhältlich. Sie quellen in heißem Wasser um das Mehrfache auf.*

NÄHRWERTE PRO PERSON ETWA
200 kcal; 30 g Eiweiß; 8 g Fett; 4 g Kohlenhydrate; 1 g Ballaststoffe; 60 mg Cholesterin

Die aufgequollenen Pilze gut abtropfen lassen und mit einem scharfen Messer hacken.

Zum Schluss alle Zutaten im Wok zugedeckt heiß werden lassen.

Hähnchencurry mit Äpfeln

VORBEREITUNGSZEIT: 20 MINUTEN | GARZEIT: 1 STUNDE 5 MINUTEN | FÜR 4–6 PERSONEN

1 kg Hähnchenflügel (mit Rückenanteil)
60 ml Öl
1 große Zwiebel, in Streifen geschnitten
1 EL Currypulver
1 große Möhre, gewürfelt
1 Stange Sellerie, gewürfelt
400 ml Kokosmilch
250 ml Hühnerbrühe
2 grüne Äpfel, gewürfelt
30 g Sultaninen
80 g geröstete Erdnusskerne (nach Belieben)

NÄHRWERTE PRO PERSON (BEI 6) ETWA
510 kcal; 27 g Eiweiß; 37 g Fett; 20 g Kohlenhydrate; 5 g Ballaststoffe; 40 mg Cholesterin

1 Hähnchenflügel trocken tupfen. Die Flügelspitzen unter die Rückenteile schieben und festklemmen.

2 In einem Topf 2 EL Öl erhitzen. Die Hähnchenflügel darin portionsweise in jeweils 5 Minuten anbraten. Auf Küchenpapier entfetten.

3 Das restliche Öl im Topf erhitzen. Zwiebel und Currypulver hineingeben und bei mittlerer Hitze unter Rühren 3 Minuten braten.

4 Die Hähnchenflügel wieder in den Topf geben. Kokosmilch und Brühe mit Möhre und Sellerie hinufügen. Aufkochen lassen und die Hähnchenflügel bei schwacher Hitze zugedeckt 30 Minuten schmoren. Äpfel und Sultaninen untermischen und das Ganze weitere 20 Minuten offen köcheln lassen, dabei ab und zu umrühren. Das Curry auf Teller verteilen und nach Belieben mit gerösteten Erdnüssen bestreuen. Sofort servieren.

VARIANTEN: *Statt Äpfel passen auch Birnen zu diesem Gericht. Und anstelle von Currypulver kann auch Currypaste verwendet werden.*

Hähnchenflügel trocken tupfen und die Flügelspitzen unter die Rückenteile klemmen.

Die Hähnchenflügel portionsweise bei mittlerer Hitze anbraten, bis sie schön braun sind.

Die Zwiebelstreifen mit Currypulver unter Rühren braten, bis sie weich sind.

Thai-Curry mit Hähnchen und Kartoffeln

VORBEREITUNGSZEIT: 20 MINUTEN | GARZEIT: 30 MINUTEN | FÜR 4–6 PERSONEN

2 EL Öl
1 Zwiebel, gewürfelt
1–2 EL gelbe Thai-Currypaste
¼ TL gemahlene Kurkuma
400 ml Kokosmilch
250 g Hähnchenfleisch, in mundgerechte Stücke geschnitten
250 g Süßkartoffeln, geschält und in mundgerechte Stücke geschnitten
300 g Kartoffeln, geschält und in mundgerechte Stücke geschnitten
2 Kaffirlimettenblätter
2 TL Fischsauce
2 TL brauner Zucker
1 EL Limettensaft
1 TL abgeriebene Limettenschale
50 g geröstete Erdnusskerne, grob gehackt

1 Das Öl in einem Topf erhitzen. Die Zwiebel darin glasig dünsten, Currypaste und Kurkuma unterrühren und 1 Minute braten.

2 Die Kokosmilch und 250 ml Wasser in den Topf gießen und aufkochen. Die Hitze reduzieren. Kartoffeln, Hähnchenfleisch und Limettenblätter in die Flüssigkeit geben und zugedeckt 15–20 Minuten schmoren, bis die Kartoffeln weich sind und das Hähnchenfleisch gar ist.

3 Das Gericht mit Fischsauce, Limettensaft und Limettenschale würzen. Die Erdnüsse untermischen und das Gericht mit Reis servieren.

HINWEIS: *Gelbe Thai-Currypaste gibt es in Asienläden oder im Spezialitätenregal des Supermarkts.*

Die Süßkartoffeln schälen und in mundgerechte Stücke schneiden.

Wenn die Zwiebel weich ist, Currypaste und Kurkuma unterrühren.

NÄHRWERTE PRO PERSON (BEI 6) ETWA
430 kcal; 10 g Eiweiß; 35 g Fett; 15 g Kohlenhydrate; 3 g Ballaststoffe; 40 mg Cholesterin

Curry-Zitronenhähnchen

VORBEREITUNGSZEIT: 20 MINUTEN | GARZEIT: 35 MINUTEN | FÜR 4 PERSONEN

2 Knoblauchzehen, gewürfelt
1 EL geriebener frischer Ingwer
2 EL Olivenöl
800 g Hähnchenschenkel
1 TL gemahlener Koriander
2 TL gemahlener Kreuzkümmel
½ TL gemahlene Kurkuma
1 rote Chilischote, gehackt
125 ml Zitronensaft
175 ml Weißwein
1 Handvoll Korianderblätter zum Bestreuen
Salz und Pfeffer aus der Mühle

1 Knoblauch und Ingwer mit 1 EL Wasser im Blitzhacker (oder im Mörser) zu einer glatten Paste pürieren. Das Olivenöl in einem Topf erhitzen, die Hähnchenschenkel darin portionsweise anbraten. Herausnehmen und beiseitestellen.

2 Die Knoblauchpaste im 1 Minute unter Rühren braten. Koriander, Kreuzkümmel, Kurkuma und Chili 1 Minute mitbraten. Zitronensaft und Wein dazugießen.

3 Die Hähnchenschenkel in die Flüssigkeit in den Topf legen. Aufkochen lassen, dann die zugedeckt 30–35 Minuten schmoren, bis das Fleisch gar ist, dabei immer wieder wenden. Anschließend die Sauce im offenen Topf bei starker Hitze in 5 Minuten um die Hälfte einkochen lassen. Mit Salz und Pfeffer abschmecken. Das Gericht auf Jasminreis anrichten und mit Korianderblättern bestreuen.

Die Hähnchenschenkel vor dem Schmoren im heißen Fett rundherum anbraten..

Koriander, Kreuzkümmel, Kurkuma und Chili mit der Knoblauchpaste 1 Minute anbraten.

NÄHRWERTE PRO PERSON ETWA
310 kcal; 30 g Eiweiß; 15 g Fett; 0 g Kohlenhydrate; 0 g Ballaststoffe; 105 mg Cholesterin

Pasta

Cannelloni mit Hähnchen-Kürbis-Füllung

VORBEREITUNGSZEIT: 1 STUNDE | GARZEIT: 1 STUNDE 15 MINUTEN | FÜR 6 PERSONEN

½ Butternusskürbis (etwa 500 g)
3 EL Olivenöl
100 g Pancetta oder anderer durchwachsener Speck, in grobe Stücke geschnitten
2 Knoblauchzehen, zerdrückt
500 g gehacktes Hähnchenfleisch
½ TL Garam Masala
2 EL gehackte glatte Petersilie
150 g Ziegenkäse
50 g Ricotta
400 g Cannellonirollen
100 g geriebener Parmesan
Salz und Pfeffer aus der Mühle

TOMATENSAUCE
30 g Butter
1 Knoblauchzehe, zerdrückt
2 Dosen gehackte Tomaten (je 400 g)
3 EL gehackte glatte Petersilie
60 ml Weißwein

1 Den Backofen auf 220 °C vorheizen. Die Kürbishälfte auf der Schnittfläche mit 1 EL Öl bestreichen. Auf einem Backblech im Ofen 40 Minuten backen, bis das Fruchtfleisch weich ist. Den Kürbis herausnehmen, die Backofentemperatur auf 200 °C herunterschalten. Das Kürbisfruchtfleisch aus der Schale lösen und mit einer Gabel zerdrücken. Beiseitestellen.

2 Während der Kürbis gart, 1 EL Öl in einer Pfanne erhitzen und den Speck darin bei mittlerer Hitze 2–3 Minuten braten. Herausnehmen und auf Küchenpapier abtropfen lassen.

3 Das restliche Öl in der Pfanne erhitzen. Den Knoblauch darin 30 Sekunden braten, Hähnchenfleisch in kleinen Portionen hinzufügen und mitbraten, bis es gar ist. Die Mischung etwas abkühlen lassen, dann in eine Schüssel füllen.

4 Das Kürbisfleisch zur Hähnchen-Speck-Mischung geben und alles zu einer glatten Masse verrühren, dabei Garam Masala, Petersilie, Ziegenkäse und Ricotta hinzufügen. Die Masse mit Salz und Pfeffer abschmecken und die Cannellonirollen damit füllen.

5 Für die Tomatensauce die Butter in der Pfanne zerlassen. Den Knoblauch darin kurz anbraten, die Tomaten dazugeben und alles bei mittlerer Hitze 1 Minute köcheln lassen. Petersilie und Weißwein untermischen und die Sauce 5 Minuten köcheln lassen. Mit Salz und frisch gemahlenem Pfeffer würzen.

6 Den Boden einer eckigen flachen Auflauf- oder Backform (3 l Inhalt) mit Tomatensauce bedecken; die Cannelloni nebeneinander darauflegen. Die restliche Tomatensauce auf die Cannelloni verteilen und mit Parmesan bestreuen. Im heißen Ofen 20–25 Minuten backen.

NÄHRWERTE PRO PERSON ETWA
640 kcal; 44 g Eiweiß; 26 g Fett; 55 g Kohlenhydrate; 7 g Ballaststoffe, 115 mg Cholesterin

Das Fleisch aus dem gebackenen Kürbis schaben und mit einer Gabel zerdrücken.

Das zerdrückte Kürbisfleisch mit Speck, Hähnchenfleisch und den anderen Zutaten mischen.

Die gefüllten Cannelloni dicht nebeneinander auf die Tomatensauce setzen.

Spaghetti mit Tomatensauce und Hühnerbällchen

VORBEREITUNGSZEIT: 30 MINUTEN + RUHEZEIT | GARZEIT: 1 STUNDE 30 MINUTEN | FÜR 4–6 PERSONEN

500 g gehacktes Hähnchenfleisch
60 g Parmesan
150 g frische Weißbrotkrumen
2 Knoblauchzehen, zerdrückt
1 Ei
1 EL gehackte glatte Petersilie
1 EL gehackte Salbeiblätter
60 ml Öl
500 g Spaghetti, Salz
gehackte Oreganoblätter zum Bestreuen

TOMATENSAUCE
1 EL Olivenöl
1 Zwiebel, fein gewürfelt
2 kg Tomaten, grob gewürfelt
2 Lorbeerblätter
1 große Handvoll Basilikum
1 TL grob gemahlener schwarzer Pfeffer

1 In einer großen Schüssel das Hähnchenfleisch mit Parmesan, Brotkrumen, Knoblauch, Ei, Petersilie, Salbei und etwas schwarzem Pfeffer zu einer glatten Masse verkneten. Mit einem Esslöffel Portionen von der Masse abnehmen und diese zu Bällchen formen. 30 Minuten kühl stellen, damit sie fest werden. Das Öl in einer großen Pfanne erhitzen, die Bällchen darin goldbraun braten. Auf Küchenpapier entfetten.

2 Für die Tomatensauce das Öl in der Pfanne erhitzen, die Zwiebel darin 1–2 Minuten braten, dann Tomaten und Lorbeerblätter unterrühren. Zugedeckt aufkochen und bei schwacher Hitze halb zugedeckt 50–60 Minuten köcheln lassen.

3 Die Fleischbällchen mit Basilikum und Pfeffer in die Sauce geben; offen 10–15 Minuten köcheln lassen. Währenddessen die Spaghetti in kochendem Salzwasser nach Packungsangabe bissfest garen. Abgießen und zurück in den Topf füllen. Etwas Sauce unterheben. Nudeln auf tiefe Teller verteilen, darauf die Sauce mit den Bällchen anrichten und alles mit Oregano bestreuen.

Von der Fleischmasse esslöffelweise Portionen abstechen, diese zu Bällchen formen.

Die Fleischbällchen mit Basilikum und Pfeffer in der Tomatensauce bei schwacher Hitze garen.

NÄHRWERTE PRO PERSON (BEI 6) ETWA
690 kcal; 40 g Eiweiß; 20 g Fett; 83 g Kohlenhydrate; 10 g Ballaststoffe; 80 mg Cholesterin

Hähnchen-Agnolotti mit Salbeibutter

VORBEREITUNGSZEIT: 15 MINUTEN | GARZEIT: 15 MINUTEN | FÜR 4 PERSONEN

500 g Agnolotti oder Ravioli mit Hähnchenfleisch (Fertigprodukt oder selbst gemacht, siehe Rezept Seite 127)
60 g Butter
4 Frühlingszwiebeln, gehackt
2 EL gehackter Salbei
1 EL geriebener Parmesan zum Bestreuen
Salbeiblätter zum Servieren
Salz und Pfeffer aus der Mühle

1 Die Agnolotti in einem großen Topf mit kochendem Salzwasser in wenigen Minuten oder nach Packungsangabe bissfest garen. Abgießen und wieder in den Topf geben.

2 Während die Pasta gart, die Butter in einer Pfanne zerlassen. Frühlingszwiebeln und Salbei hinzufügen und 2 Minuten unter Rühren braten. Mit Salz und Pfeffer würzen.

3 Die Agnolotti mit der Salbeibutter beträufeln. Auf vorgewärmten Tellern anrichten und mit Parmesan und Salbei bestreuen. Servieren.

NÄHRWERTE PRO PERSON ETWA
345 kcal; 16 g Eiweiß; 24 g Fett; 18 g Kohlenhydrate; 2 g Ballaststoffe; 75 mg Cholesterin

Frühlingszwiebeln und die gehackten Salbeiblätter in der Butter 2 Minuten unter Rühren braten.

Ravioli mit Hähnchenfleisch

VORBEREITUNGSZEIT: 45 MINUTEN + 30 MINUTEN RUHEZEIT | GARZEIT: 1 STUNDE | FÜR 4 PERSONEN

NUDELTEIG
250 g Mehl
1 Prise Salz
3 Eier
1 EL Olivenöl
1 Eiweiß

FÜLLUNG
125 g gehacktes Hähnchenfleisch
75 g Ricotta oder körniger Frischkäse
2 EL geriebener Parmesan
60 g Hähnchenleber
30 g roher Schinken, gewürfelt
1 Scheibe Salami, gewürfelt
1 Ei
1 EL gehackte Petersilie
1 Knoblauchzehe, zerdrückt
1 Messerspitze Lebkuchengewürz
Salz und Pfeffer aus der Mühle

TOMATENSAUCE
2 EL Olivenöl
1 Zwiebel, fein gewürfelt
2 Knoblauchzehen, zerdrückt
2 Dosen gehackte Tomaten (je 400 g)
1 Handvoll Basilikumblätter
½ TL italienische Kräuter
Salz und Pfeffer aus der Mühle

1 Für den Nudelteig das Mehl auf die Arbeitsfläche sieben. In der Mitte eine Mulde formen, das Salz darüberstreuen. In einer Schüssel die Eier mit dem Öl und 1 EL Wasser verquirlen. Einen Teil dieser Mischung in die Mulde gießen und mit dem Mehl verkneten. Nach und nach die ganze Eier-Öl-Mischung unter den Teig kneten. Den Teig auf einer dünn bemehlten Arbeitsfläche kneten, bis er glatt und elastisch ist – das dauert etwa 5 Minuten. Den Teig zu einer Kugel formen, in Frischhaltefolie wickeln und 30 Minuten ruhen lassen.

2 Für die Füllung das Hähnchenfleisch mit allen anderen Zutaten in der Küchenmaschine zu einer feinen Masse verarbeiten. Die Masse mit Salz und frisch gemahlenem schwarzem Pfeffer würzen.

3 Für die Tomatensauce das Öl in einem Topf erwärmen. Zwiebel und Knoblauch darin bei schwacher Hitze glasig dünsten. Die gehackten Tomaten mit Basilikum, Kräutern, Salz und Pfeffer hinzufügen. Aufkochen, dann bei schwacher Hitze die Sauce offen 15 Minuten köcheln lassen. Vom Herd nehmen.

4 Die Hälfte des Nudelteigs zu einem etwa 2 mm dicken Rechteck ausrollen. Dieses mit einem Messer oder einem Teigrädchen in 10 cm breite Streifen schneiden. Entlang einer Längsseite in jeweils 5 cm Abstand teelöffelweise Füllung darauf verteilen.

5 Das Eiweiß mit 3 EL Wasser verquirlen. Die freie Seite der Teigstreifen und die freien Flächen zwischen den Füllungen mit Eiweiß bepinseln. Die freie Teighälfte über die Füllungen klappen. So den gesamten Teig und die Füllung verarbeiten. Die Teigplatten an den Enden und zwischen den Füllungen zusammendrücken. Mit einem Messer oder Teigrädchen in Stücke schneiden.

6 In einem großen Topf Wasser zum Kochen bringen. Die Ravioli darin portionsweise je 10 Minuten kochen. Die Tomatensauce nochmals erwärmen und mit den Ravioli servieren.

NÄHRWERTE PRO PERSON ETWA
605 kcal; 30 g Eiweiß; 25 g Fett; 60 g Kohlenhydrate; 6 g Ballaststoffe; 225 mg Cholesterin

Die Teigzutaten auf einer dünn bemehlten Arbeitsfläche zu einem glatten, elastischen Teig kneten.

Die Zutaten für die Füllung in die Küchenmaschine geben und fein zerkleinern.

Füllung mit einem Löffel in 5 cm großen Abständen entlang einer Längsseite auf die Teigstreifen geben.

Große Ravioli mit frischer Tomatensauce

VORBEREITUNGSZEIT: 40 MINUTEN | GARZEIT: 40 MINUTEN | FÜR 4 PERSONEN

TOMATENSAUCE
1 EL Öl
1 große Zwiebel, gehackt
2 Knoblauchzehen, zerdrückt
100 g Tomatenmark
75 ml Rotwein
175 ml Hühnerbrühe
2 Tomaten, gewürfelt
1 EL gehacktes Basilikum
Salz und Pfeffer aus der Mühle

RAVIOLI
200 g fein gehacktes Hähnchenfleisch
1 EL gehacktes Basilikum
3 EL geriebener Parmesan
3 Frühlingszwiebeln, fein gehackt
50 g Ricotta
250 g runde Wan-Tan-Blätter (48 Stück)

1 Für die Tomatensauce das Öl in einem Topf erhitzen. Zwiebel und Knoblauch darin 2–3 Minuten dünsten, dann Tomatenmark, Wein, Brühe und Tomaten unterrühren und die Sauce 20 Minuten köcheln lassen. Zum Schluss das Basilikum untermischen; die Sauce mit Salz und schwarzem Pfeffer abschmecken.

2 Für die Ravioli das Hähnchenfleisch mit Basilikum, Parmesan, Frühlingszwiebeln, Ricotta, Salz und Pfeffer zu einer Masse verkneten. Die Hälfte der Teigblätter nebeneinander auf die Arbeitsfläche legen und mit Wasser bepinseln. Auf jedes Blatt einen gehäuften Teelöffel Fleischmasse setzen. Die gefüllten Blätter mit den restlichen Teigblättern bedecken und die Ravioli an den Rändern rundherum zusammendrücken.

3 In einem großen Topf Wasser aufkochen lassen. Die Ravioli portionsweise darin in 2–3 Minuten gar kochen. Mit einem Schaumlöffel herausheben, gut abtropfen lassen und mit der Tomatensauce servieren.

Für die Füllung Hähnchenfleisch mit Basilikum, Parmesan, Frühlingszwiebeln und Ricotta mischen.

Etwas Füllung auf einen Kreis setzen, einen zweiten darauflegen; Ränder zusammendrücken.

NÄHRWERTE PRO PERSON ETWA
365 kcal; 24 g Eiweiß; 6 g Fett; 50 g Kohlenhydrate; 6 g Ballaststoffe; 35 mg Cholesterin

Bandnudeln mit Hähnchen-Pilz-Sauce

VORBEREITUNGSZEIT: 10 MINUTEN | GARZEIT: 25 MINUTEN | FÜR 4 PERSONEN

2 Hähnchenbrustfilets
1 EL Olivenöl
30 g Butter
2 Scheiben Bacon (Frühstücksspeck), in dünne Streifen geschnitten
2 Knoblauchzehen, zerdrückt
250 g Champignons, in Scheiben geschnitten
100 ml trockener Weißwein
200 g Sahne
4 Frühlingszwiebeln, gehackt
1 EL Mehl
400 g Bandnudeln (Fettuccine)
4 EL gehobelter Parmesan
Salz und Pfeffer aus der Mühle

1 Die Hähnchenbrustfilets in Streifen schneiden. Öl und Butter in einer Pfanne erhitzen und das Fleisch darin zugedeckt bei mittlerer Hitze 3 Minuten braten.

2 Speck, Knoblauch und Champignons hinzufügen. Alles zugedeckt weitere 2 Minuten unter gelegentlichem Rühren braten.

3 Den Wein in die Pfanne zur Hähnchenfleischmischung gießen und auf die Hälfte einkochen lassen. Sahne und Frühlingszwiebeln dazugeben und alles aufkochen lassen. Das Mehl mit 2 EL Wasser glatt rühren. Die Mischung unter Rühren in die Pfanne gießen. Aufkochen, dann zugedeckt noch 2 Minuten köcheln lassen, bis die Sauce eingedickt ist. Abschmecken und warm halten.

4 Die Nudeln in einem großen Topf mit kochendem Salzwasser nach Packungsangabe bissfest garen. Abgießen, in eine Schüssel füllen und die Sauce darunterheben. Das Gericht mit Parmesan bestreuen und sofort servieren.

Frühstücksspeck, Knoblauch und Champignons zum Fleisch geben; bei mittlerer Hitze garen.

Die Sahne mit den Frühlingszwiebeln zu der Fleischmischung geben und aufkochen lassen.

NÄHRWERTE PRO PERSON ETWA
810 kcal; 40 g Eiweiß; 35 g Fett; 75 g Kohlenhydrate; 7 g Ballaststoffe; 135 mg Cholesterin

Tortellini mit Hähnchenfüllung

VORBEREITUNGSZEIT: 30 MINUTEN + RUHEZEIT | GARZEIT: 30 MINUTEN | FÜR 4 PERSONEN

NUDELTEIG

250 g Mehl
1 Prise Salz
3 Eier
1 EL Öl

FÜLLUNG

20 g Butter
100 g Hähnchenbrustfilet, in Würfel geschnitten
2 Scheiben Pancetta (oder anderer durchwachsener Speck), gewürfelt
50 g geriebener Parmesan
½ TL geriebene Muskatnuss
1 Ei, leicht verquirlt
Salz und Pfeffer aus der Mühle

TOMATENSAUCE

80 ml Olivenöl
1,5 kg reife Tomaten, geschält und gewürfelt
3 EL gehackter Oregano
100 g Mozzarella, in dünne Scheiben geschnitten, zum Servieren

1 Für den Nudelteig das Mehl auf die Arbeitsfläche sieben. In der Mitte eine Mulde formen, das Salz darüberstreuen. In einer Schüssel die Eier mit dem Öl und 1 EL Wasser verquirlen. Einen Teil der Mischung in die Mulde gießen und mit dem Mehl verkneten. Nach und nach die ganze Eier-Öl-Mischung unter den Teig kneten, falls nötig, noch etwas Wasser hinzufügen. Den Teig auf einer dünn bemehlten Arbeitsfläche kneten, bis er glatt und elastisch ist – das dauert etwa 5 Minuten. Teig zu einer Kugel formen, in Frischhaltefolie wickeln und 30 Minuten ruhen lassen.

2 Für die Füllung die Butter in einer Pfanne erhitzen und das Hähnchenfleisch darin goldbraun braten. Herausnehmen und auf Küchenpapier abtropfen lassen. Mit dem Speck in der Küchenmaschine fein hacken. Die Masse in eine Schüssel füllen; Parmesan, Muskat, Ei, Salz und Pfeffer untermischen.

3 Den Nudelteig auf einer leicht bemehlten Arbeitsfläche sehr dünn ausrollen. Mit einem Ausstecher 5 cm große Kreise ausstechen. ½ TL Füllung auf jeden Kreis setzen. Die Teigkreise zu Halbkreisen zusammenfalten, die Ränder fest zusammendrücken. Jeden Halbkreis um einen Finger zu einem Ring formen und die Enden fest zusammendrücken.

4 Für die Tomatensauce Öl, Tomaten und Oregano in eine Pfanne geben und bei mittlerer Hitze 10 Minuten köcheln lassen. Den Parmesan untermischen.

5 Inzwischen in einem großen Topf Wasser zum Kochen bringen und die Tortellini darin in zwei Portionen in je 6 Minuten bissfest garen. Gut abtropfen lassen. Die Tortellini auf tiefe Teller verteilen, die heiße Tomatensauce mit den Mozzarellascheiben darauf anrichten. Servieren, sobald der Käse geschmolzen ist.

NÄHRWERTE PRO PERSON ETWA
740 kcal; 33 g Eiweiß; 44 g Fett; 53 g Kohlenhydrate; 7 g Ballaststoffe; 230 mg Cholesterin

Die Teigkugel in eine leicht geölte Schüssel legen und diese mit Frischhaltefolie bedecken.

Den Teig auf einer bemehlten Arbeitsfläche sehr dünn ausrollen, dann Kreise ausstechen.

Die Teigmonde um einen Finger zu einem Ring formen; die Enden fest zusammendrücken.

Nudel-Hähnchen-Pfanne

VORBEREITUNGSZEIT: 20 MINUTEN | GARZEIT: 15 MINUTEN | FÜR 4–6 PERSONEN

400 g kurze Röhrennudeln (z. B. Penne)
250 g in Öl eingelegte getrocknete Tomaten
3 Hähnchenbrustfilets, in Streifen geschnitten
2 Knoblauchzehen, zerdrückt
125 g Sahne
2 EL in Streifen geschnittenes Basilikum
2 EL Pinienkerne, geröstet
Salz und Pfeffer aus der Mühle

1 Die Nudeln in reichlich kochendem Salzwasser nach Packungsangabe garen. Währenddessen die getrockneten Tomaten abtropfen lassen, das Öl aufheben. Die Tomaten in dünne Streifen schneiden.

2 Den Wok sehr stark erhitzen, 1 EL Tomatenöl darin durch Schwenken verteilen. Das Hähnchenfleisch portionsweise im Wok braten, falls nötig, mehr Öl dazugeben.

3 Das gesamte Fleisch wieder in den Wok geben, Knoblauch, Tomaten und Sahne unterrühren. 4–5 Minuten bei schwacher Hitze köcheln lassen.

4 Die Nudeln abgießen, gut abtropfen lassen und auf Teller verteilen. Die Sauce auf die Nudeln schöpfen und alles mit Basilikum und Pinienkernen bestreuen.

NÄHRWERTE PRO PERSON (BEI 6) ETWA
640 kcal; 30 g Eiweiß; 30 g Fett; 5 g Kohlenhydrate; 4 g Ballaststoffe; 70 mg Cholesterin

Die Pinienkerne im heißen Wok ohne Fett unter ständigem Wenden rösten.

Die getrockneten Tomaten abtropfen lassen (das Öl dabei auffangen) und in Streifen schneiden.

Das Hähnchenfleisch mit Knoblauch, Tomaten und Sahne wieder in den Wok geben.

Conchiglie-Auflauf

VORBEREITUNGSZEIT: 15 MINUTEN | GARZEIT: 1 STUNDE 10 MINUTEN | FÜR 4 PERSONEN

500 g Conchiglie (Muschelnudeln)
2 EL Olivenöl
1 Zwiebel, gewürfelt
1 Knoblauchzehe, zerdrückt
60 g roher Schinken, gewürfelt
125 g Champignons, gehackt
250 g fein gehacktes Hähnchenfleisch
2 EL Tomatenmark
1 Dose gehackte Tomaten (400 g)
125 ml trockener Weißwein
1 TL getrockneter Oregano
250 g Ricotta
150 g Mozzarella, grob geraspelt
1 TL Schnittlauchröllchen
1 EL gehackte glatte Petersilie
3 EL geriebener Parmesan
Salz und Pfeffer aus der Mühle

1 Die Nudeln in kochendem Salzwasser nach Packungsangabe bissfest kochen. Abgießen und abtropfen lassen. Das Öl in einer großen Pfanne erhitzen. Zwiebel mit Knoblauch darin bei schwacher Hitze glasig dünsten. Schinken dazugeben und alles 1 Minute unter Rühren braten.

2 Die Champignons zur Schinkenmischung geben und 2 Minuten mitbraten. Das Hähnchenfleisch hinzufügen und krümelig braten, größere Klümpchen mit einer Gabel zerteilen.

3 Tomatenmark, gehackte Tomaten, Wein, Oregano, Salz und Pfeffer unterrühren. Aufkochen und 20 Minuten köcheln lassen.

4 Den Backofen auf 180 °C vorheizen. Ricotta und Mozzarella mit Schnittlauch, Petersilie und der Hälfte des Parmesans mischen. Die Käsemischung in die Nudeln füllen. Den Boden einer ofenfesten Form mit etwas Fleischsauce bedecken. Die Nudeln daraufsetzen. Die restliche Sauce auf den Nudeln verteilen. Mit dem restlichen Parmesan bestreuen und den Auflauf im Ofen 25–30 Minuten backen.

Das gehackte Hähnchenfleisch während des Bratens mit einer Gabel zerdrücken.

Die Käsemischung mit einem Teelöffel in die Nudeln füllen.

NÄHRWERTE PRO PERSON ETWA
800 kcal; 40 g Eiweiß; 28 g Fett; 91 g Kohlenhydrate; 8 g Ballaststoffe; 70 mg Cholesterin

Hähnchen-Gemüse-Lasagne

VORBEREITUNGSZEIT: 45 MINUTEN | GARZEIT: 1 STUNDE 20 MINUTEN | FÜR 8 PERSONEN

500 g Hähnchenbrustfilet
1 EL Olivenöl
1 Zwiebel, gewürfelt
2 Knoblauchzehen, zerdrückt
2 Zucchini, gewürfelt
2 Stangen Sellerie, gewürfelt
2 Möhren, gewürfelt
300 g Kürbisfleisch, gewürfelt
2 Dosen gehackte Tomaten (à 400 g)
2 Zweige Thymian
2 Lorbeerblätter
125 ml Weißwein
2 EL Tomatenmark
2 EL gehacktes Basilikum
500 g Blattspinat
500 g körniger Frischkäse
500 g Ricotta
60 ml Milch
½ TL geriebene Muskatnuss
300 g Lasagnenudeln
3 EL geriebener Parmesan
Salz und Pfeffer aus der Mühle

1 Den Backofen auf 180 °C vorheizen. Das Hähnchenfleisch in kleine Stücke schneiden, dann in der Küchenmaschine fein zerkleinern. Das Öl in einer großen beschichteten Pfanne erhitzen und das Fleisch darin portionsweise anbraten. Herausnehmen und beiseitestellen.

2 Die Zwiebelwürfel mit dem Knoblauch in der Pfanne glasig dünsten. Fleisch, Gemüse, gehackte Tomaten, Thymian, Lorbeerblätter, Wein und Tomatenmark dazugeben. Alles zugedeckt bei schwacher Hitze 20 Minuten köcheln lassen. Lorbeerblätter und Thymian herausnehmen, Basilikum untermischen und die Sauce beiseitestellen.

3 Den Spinat klein zupfen. Frischkäse und Ricotta mit Milch, Muskat und der Hälfte des Parmesans verrühren.

4 Den Boden einer ofenfesten Form mit etwas Fleischsauce bedecken, darauf eine Lage Lasagneblätter legen. Die Hälfte der Sauce auf die Nudelblätter schöpfen, dann den Spinat darüberstreuen und die Hälfte der Käsecreme darauflöffeln. Mit Lasagneblättern bedecken, die restliche Sauce darauf verstreichen und mit Lasagneblättern abschließen. Die restliche Käsecreme auf die Nudelblätter streichen und den Parmesan darüberstreuen. Die Lasagne im heißen Ofen 40–50 Minuten backen.

NÄHRWERTE PRO PERSON ETWA
430 kcal; 40 g Eiweiß; 10 g Fett; 35 g Kohlenhydrate; 7 g Ballaststoffe; 70 mg Cholesterin

Das grob zerkleinerte Hähnchenbrustfilet in der Küchenmaschine fein zerkleinern.

Die Gemüsewürfel mit Tomaten, Thymian, Lorbeer, Wein und Tomatenmark in die Pfanne geben.

Tagliatelle mit Hähnchenleber und Sahnesauce

VORBEREITUNGSZEIT: 20 MINUTEN | GARZEIT: 15 MINUTEN | FÜR 4 PERSONEN

1 Zwiebel
300 g Hähnchenlebern
2 EL Olivenöl
1 Knoblauchzehe, zerdrückt
250 g Sahne
1 EL Schnittlauchröllchen
1 TL körniger Senf
2 Eier, verquirlt
400 g Tagliatelle
gehobelter Parmesan und Schnittlauchröllchen zum Bestreuen
Salz und Pfeffer aus der Mühle

1 Die Zwiebel fein würfeln. Die Hähnchenlebern putzen und klein schneiden.

2 Das Öl in einer großen Pfanne erhitzen. Zwiebel mit dem Knoblauch darin bei schwacher Hitze glasig dünsten. Die Hähnchenlebern dazugeben und 2–3 Minuten bei schwacher Hitze braten. Sahne, Schnittlauch und Senf unterrühren, das Ganze mit Salz und Pfeffer abschmecken. Aufkochen lassen. Die Eier unter kräftigem Rühren in die Sauce gießen. Die Pfanne vom Herd nehmen.

3 Während die Sauce kocht, die Tagliatelle in reichlich kochendem Salzwasser nach Packungsangabe bissfest garen. Abgießen, gut abtropfen lassen und in eine Schüssel füllen. Die Sauce unter die Nudeln heben. Das Gericht in vorgewärmte tiefe Teller füllen, mit Parmesan und Schnittlauch bestreuen und servieren.

HINWEIS: *Schnittlauch lässt sich gut mit einer Schere in Röllchen schneiden.*

Hähnchenlebern putzen (von Adern, Fett und Sehnen befreien) und klein schneiden.

Das verquirlte Ei in die Sauce gießen und gut unterrühren.

NÄHRWERTE PRO PERSON ETWA
760 kcal; 34 g Eiweiß; 38 g Fett; 69 g Kohlenhydrate; 4 g Ballaststoffe; 215 mg Cholesterin

Spaghetti mit Hähnchen-Bolognese

VORBEREITUNGSZEIT: 10 MINUTEN | GARZEIT: 15 MINUTEN | FÜR 4 PERSONEN

2 EL Olivenöl
2 Stangen Lauch, in dünne Ringe geschnitten
1 rote Paprikaschote, fein gewürfelt
2 Knoblauchzehen, zerdrückt
500 g fein gehacktes Hähnchenfleisch
500 g passierte Tomaten
1 EL gehackter Thymian
1 EL gehacktes Rosmarin
2 EL entkernte, gehackte schwarze Oliven
400 g Spaghetti
125 g Feta
Thymianzweige zum Servieren

1 Das Öl in einer großen Pfanne erhitzen. Lauch, Paprika und Knoblauch darin bei mittlerer Hitze 2 Minuten anbraten.

2 Das Hähnchenfleisch dazugeben und bei starker Hitze 3 Minuten braten, bis es braun und trocken ist. Dabei rühren und größere Klümpchen mit einem Löffelrücken zerkleinern.

3 Passierte Tomaten mit Thymian und Rosmarin dazugeben; aufkochen, dann bei schwacher Hitze offen in 5 Minuten einkochen lassen. Die Oliven unter die Sauce rühren. Mit Salz und frisch gemahlenem Pfeffer würzen.

4 Währenddessen die Spaghetti in reichlich kochendem Salzwasser bissfest garen. Abgießen, auf Teller verteilen und die Hähnchen-Bolognese daraufgeben. Mit Feta und Thymian bestreuen und sofort servieren.

VARIANTE: *Die Sauce passt zu allen Nudelsorten. Statt Feta kann man auch geriebenen Parmesan oder Pecorino nehmen.*

Die Paprikaschoten von Samen und Trennwänden befreien und fein würfeln.

Das gehackte Hähnchenfleisch zu Lauch, Paprika und Knoblauch in die Pfanne geben.

NÄHRWERTE PRO PERSON ETWA
760 kcal; 50 g Eiweiß; 23 g Fett; 88 g Kohlenhydrate; 10 g Ballaststoffe; 85 mg Cholesterin

Vom Grill und aus der Pfanne

Hähnchenbrust mit Knoblauch

VORBEREITUNGSZEIT: 20 MINUTEN + MARINIERZEIT | GARZEIT: 10 MINUTEN | FÜR 4 PERSONEN

6 Knoblauchzehen, zerdrückt
1½ EL zerdrückte Pfefferkörner
1 Handvoll gehacktes Koriandergrün (Blätter und Stängel)
4 Korianderwurzeln, gehackt
80 ml Limettensaft
1 TL Zucker
1 TL gemahlene Kurkuma
2 TL helle Sojasauce
4 Hähnchenbrustfilets

GURKEN-TOMATEN-SALAT
1 kleine Bio-Salatgurke
1 große Eiertomate
¼ kleine rote Zwiebel, in dünne Streifen geschnitten
1 kleine rote Chilischote, fein gehackt
2 EL Korianderblätter
2 EL Limettensaft
1 TL brauner Zucker
1 EL Fischsauce

1 Den Knoblauch mit Pfefferkörnern, Koriandergrün, Korianderwurzeln, Limettensaft, Zucker, Kurkuma und Sojasauce in der Küchenmaschine zu einer Paste verarbeiten und in eine Schale füllen.

2 Von den Hähnchenbrustfilets die anhängenden Innenfilets ablösen. Die Hähnchenbrüste an der Oberseite dreimal einschneiden. Sämtliches Fleisch in die Marinade legen und die Schale zugedeckt für mindestens 2 Stunden in den Kühlschrank stellen. Das Fleisch hin und wieder wenden.

3 Für den Salat die Gurke waschen, halbieren und mit einem Teelöffel die Kerne herausschaben. Gurke in Scheiben schneiden. Die Tomate längs halbieren und in Scheiben schneiden. Gurke, Tomate, Zwiebel, Chili und Koriander in einer Schüssel mischen. Limettensaft, Zucker und Fischsauce verrühren und darübergießen.

4 Das Hähnchenfleisch auf dem leicht geölten Grillrost oder einer geölten Grillplatte auf jeder Seite 3 Minuten grillen, bis es gar ist. Sofort mit dem Salat servieren.

NÄHRWERTE PRO PERSON ETWA
285 kcal; 52 g Eiweiß; 6 g Fett; 6 g Kohlenhydrate; 2 g Ballaststoffe; 110 mg Cholesterin

Von den Hähnchenbrüsten die innenliegenden Filets vorsichtig abziehen.

Mit einem Teelöffel die Kerne aus den Gurkenhälften schaben.

Limettensaft, Zucker und Fischsauce verrühren und über die Salatzutaten gießen.

Hähnchenburger mit Knoblauchmayonnaise

VORBEREITUNGSZEIT: 20 MINUTEN + 2 STUNDEN MARINIERZEIT | GARZEIT: 15 MINUTEN | FÜR 4 PERSONEN

4 Hähnchenbrustfilets
125 ml Limettensaft
1 EL süße Chilisauce
4 Scheiben Bacon (Frühstücksspeck)
4 Hamburgerbrötchen, quer halbiert
4 Blätter grüner Salat
1 große Tomate, in Scheiben geschnitten

KNOBLAUCHMAYONNAISE
2 Eigelb
2 Knoblauchzehen, zerdrückt
1 EL Dijonsenf
1 EL Limettensaft
125 ml Olivenöl

1 Die Hähnchenbrustfilets in eine Schale legen. Mit einem Spießchen mehrmals in das Fleisch stechen. Limettensaft und Chilisauce verrühren; die Mischung über das Hähnchenfleisch gießen. Die Schale zudecken und für mehrere Stunden oder über Nacht in den Kühlschrank stellen.

2 Für die Mayonnaise Eigelbe, Knoblauch, Senf und Limettensaft in der Küchenmaschine mixen. Bei laufender Maschine das Öl in dünnem Strahl dazufließen lassen. Mixen, bis eine Mayonnaise entstanden ist. In eine Schale füllen und zugedeckt kühl stellen.

3 Eine Grillplatte über starker Hitze heiß werden lassen. Die Speckscheiben quer halbieren. Die heiße Grillplatte leicht ölen. Hähnchenfleisch und Bacon darauf in 5 Minuten knusprig braten. Bacon herunternehmen, Hähnchen 5–10 Minuten weitergrillen, dabei einmal wenden. Das Fleisch soll schön braun und gar sein.

4 Die aufgeschnittenen Burgerbrötchen hell rösten. Salat, Tomate, Hähnchenfleisch und Bacon auf die Unterhälften legen. Mayonnaise daraufgeben und mit den oberen Brötchenhälften bedecken.

Die Limettensaft-Chilisauce-Mischung über die Hähnchenbrustfilets gießen.

Für die Mayonnaise das Öl in dünnem Strahl zu den Eigelben in den Mixer fließen lassen.

NÄHRWERTE PRO PERSON ETWA
865 kcal; 70 g Eiweiß; 42 g Fett; 52 g Kohlenhydrate; 5 g Ballaststoffe; 210 mg Cholesterin

Hähnchenkoteletts auf Thai-Art

VORBEREITUNGSZEIT: 20 MINUTEN | GARZEIT: 20 MINUTEN | FÜR 4–6 PERSONEN

12 ausgelöste Hähnchenoberschenkel, ohne Haut
6 Knoblauchzehen
1 EL schwarze Pfefferkörner
3 Korianderwurzeln und -stängel, grob zerkleinert
1 Prise Salz

CHILI-KNOBLAUCH-DIP

4–5 getrocknete rote Chilischoten
2 große Knoblauchzehen, gehackt
60 g Zucker
80 ml Cidre oder Reisessig
60 ml kochend heißes Wasser
Salz

1 Vom Hähnchenfleisch Fett und Sehnen entfernen. Knoblauch, Pfefferkörner, Koriander und 1 Prise Salz im Blitzhacker (oder im Mörser) in 20–30 Sekunden zu einer glatten Paste verarbeiten. Das Fleisch in eine Schale legen und mit der Paste bestreichen. Zugedeckt für 1 Stunde in den Kühlschrank stellen.

2 Für den Dip die Chilis 20 Minuten in heißem Wasser einweichen. Abtropfen lassen und fein hacken. Mit Knoblauch und Zucker im Blitzhacker oder Mörser zu einer glatten Paste verarbeiten. Die Paste mit Cidre, Salz und dem kochend heißem Wasser in einen kleinen Topf geben. Alles aufkochen und bei schwacher Hitze 2–3 Minuten kochen lassen. Abkühlen lassen.

3 Den Grillrost oder eine Grillplatte erhitzen. Rost oder Platte fetten und das Hähnchenfleisch darauf auf jeder Seite 5–10 Minuten braten. Mit dem Dip servieren.

NÄHRWERTE PRO PERSON (BEI 6) ETWA
240 kcal; 47 g Eiweiß; 5 g Fett; 1 g Kohlenhydrate; 1 g Ballaststoffe; 105 mg Cholesterin

Für den Dip Knoblauch, Pfeffer, Koriander und Salz im Blitzhacker zu einer Paste verarbeiten.

Das marinierte Hähnchenfleisch auf dem Grillrost oder einer geölten Grillplatte braten.

Hähnchenflügel mit cremigem Dip

VORBEREITUNGSZEIT: 25 MINUTEN + 3 STUNDEN MARINIERZEIT | GARZEIT: 25 MINUTEN | FÜR 4 PERSONEN

8 große Hähnchenflügel
2 TL frisch gemahlener schwarzer Pfeffer
2 TL Knoblauchsalz
2 TL Zwiebelpulver
Olivenöl zum Frittieren
125 ml Tomatenketchup
2 EL Worcestersauce
20 g Butter, zerlassen
2 TL Zucker
Tabascosauce (nach Geschmack)

DRESSING
125 g Mayonnaise
125 g Sour Cream (ersatzweise saure Sahne)
2 EL Zitronensaft
2 EL Schnittlauchröllchen
Salz und Pfeffer aus der Mühle

NÄHRWERTE PRO PERSON ETWA
605 kcal; 44 g Eiweiß; 40 g Fett; 18 g Kohlenhydrate; 1 g Ballaststoffe; 155 mg Cholesterin

1 Hähnchenflügel mit Küchenpapier trocken tupfen. Die Flügelspitzen abschneiden und wegwerfen. Die Flügel auseinanderbiegen und im Gelenk teilen. Pfeffer, Knoblauchsalz und Zwiebelpulver mischen, auf die Hähnchenteile streuen und einreiben.

2 In einer tiefen, schweren Pfanne das Öl bei mittlerer Hitze heiß werden lassen. Die Hähnchenflügel darin portionsweise je 2 Minuten frittieren. Herausnehmen und auf Küchenpapier abtropfen lassen.

3 Hähnchenflügel in eine Schale legen. Ketchup mit Worcestersauce, Butter, Zucker und Tabasco verrühren. Die Flügel mit der Marinade begießen und darin wenden; zudecken und für einige Stunden in den Kühlschrank stellen.

4 Für das Dressing die Mayonnaise in einer Schüssel mit Sour Cream, Zitronensaft, Schnittlauch, Salz und Pfeffer gut verrühren.

5 Eine gerillte oder flache Grillplatte erhitzen. Die Platte leicht ölen. Die Hähnchenflügel darauf 5 Minuten braten, dabei immer wieder wenden und mit der Marinade bepinseln. Mit dem Dressing servieren.

Die Hähnchenflügel auseinanderbiegen und im Gelenk in zwei Stücke schneiden.

Die Hähnchenflügel im heißen Öl portionsweise frittieren; auf Küchenpapier entfetten.

Das frittierte Fleisch mit der Würzsaucenmischung begießen und darin wenden.

Hähnchenbrustfilets mit Zwiebeln und Tomaten

VORBEREITUNGSZEIT: 20 MINUTEN + 2 STUNDEN MARINIERZEIT | GARZEIT: 1 STUNDE | FÜR 4 PERSONEN

4 Hähnchenbrustfilets
2 EL Honig
1 EL grobkörniger Senf
1 EL Sojasauce
2 rote Zwiebeln, in Spalten geschnitten
8 Eiertomaten, längs halbiert
2 EL brauner Zucker
2 EL Balsamico-Essig
Öl für die Grillpfanne
1 EL Basilikum zum Garnieren

1 Den Backofen auf 180 °C vorheizen. Die Hähnchenbrüste in eine flache Schale legen. Honig mit Senf und Sojasauce verrühren. Das Fleisch mit der Marinade begießen und darin wenden. Zudecken und für 2 Stunden in den Kühlschrank stellen, dabei einmal wenden.

2 Tomatenhälften und Zwiebelspalten auf ein mit Backpapier belegtes Blech geben. Mit Zucker bestreuen und mit dem Essig beträufeln. Zwiebeln und Tomaten im Ofen 40 Minuten backen.

3 Eine Grillpfanne erhitzen und leicht ölen. Hähnchenbrüste aus der Marinade nehmen und auf jeder Seite 4–5 Minuten braten. Das Fleisch in Scheiben schneiden; mit Tomaten, Zwiebeln und mit Basilikum servieren.

Die Zwiebelspalten und die Tomatenhälften mit Balsamico-Essig beträufeln.

Die marinierten Hähnchenbrüste in einer heißen, leicht geölten Grillpfanne braten.

NÄHRWERTE PRO PERSON ETWA

235 kcal; 25 g Eiweiß; 3 g Fett; 30 g Kohlenhydrate; 3 g Ballaststoffe; 50 mg Cholesterin

Geräucherte Hähnchenbrust

VORBEREITUNGSZEIT: 5 MINUTEN | GARZEIT: 25 MINUTEN | FÜR 4 PERSONEN

4 Hähnchenbrustfilets
1 EL Olivenöl
Würzpfeffermischung (z. B. Pariser Pfeffer)
Holz-Chips zum Räuchern (siehe HINWEIS)

1 Einen Kugelgrill mit indirekter Hitze heiß werden lassen. Die Hähnchenbrüste mit Öl bepinseln und mit Pfeffer bestreuen.

2 Eine gute Handvoll Holz-Chips (etwa 25 Stück) über die Kohlen streuen.

3 Die Hähnchenbrüste auf den Grillrost legen, den Grill schließen und das Fleisch 15 Minuten grillen. Mit einer Messerspitze testen, ob das Fleisch gar ist. Wenn der austretende Saft nicht klar ist, die Hähnchenbrüste noch 5–10 Minuten weitergrillen, bis das Fleisch gar ist. Mit Chilinudeln servieren.

HINWEIS *Im Handel gibt es zum Räuchern spezielle Holz-Chips. Es darf nur Holz verwendet werden, das als lebensmittelgeeignet gekennzeichnet ist. Meistens handelt es sich um Hickory- oder Buchenholz.*

NÄHRWERTE PRO PERSON ETWA
290 kcal; 50 g Eiweiß; 10 g Fett; 0 g Kohlenhydrate; 0 g Ballaststoffe; 115 mg Cholesterin

Die Hähnchenbrustfilets mit Öl bepinseln und mit dem Würzpfeffer bestreuen.

Für den Räuchereffekt einige Holz-Chips über die glühenden Kohlen streuen.

Mit einer Messerspitze in das Fleisch stechen: tritt klarer Saft heraus, ist es gar.

Hähnchenbrustfilets mit Obstsalat

VORBEREITUNGSZEIT: 25 MINUTEN + 3 STUNDEN MARINIERZEIT | GARZEIT: 20 MINUTEN | FÜR 4 PERSONEN

4 Hähnchenbrustfilets
80 ml Weißwein
60 ml Olivenöl
2 TL geriebener frischer Ingwer
1 Knoblauchzehe, zerdrückt

OBSTSALAT
Fruchtfleisch von 1 kleinen Mango
2 kleine Kiwis, geschält
200 g abgetropfte Ananasstücke (aus der Dose)
150 g Wassermelone, geschält und entkernt
1 EL fein gehackte Minzeblätter

1 Die Hähnchenbrustfilets in eine Schale legen. Wein mit Öl, Ingwer und Knoblauch verrühren. Das Fleisch mit der Marinade begießen, zudecken und für 3 Stunden in den Kühlschrank stellen.

2 Für den Obstsalat alle Früchte in kleine Würfel schneiden. Mit der Minze mischen und in den Kühlschrank stellen.

3 Den Grillrost oder eine Grillplatte stark erhitzen. Rost oder Platte leicht ölen. Hähnchenbrustfilets darauf jeweils 5–10 Minuten pro Seite braten, bis sie schön braun und gar sind. Sofort mit dem Obstsalat servieren.

NÄHRWERTE PRO PERSON ETWA
480 kcal; 50 g Eiweiß; 20 g Fett; 15 g Kohlenhydrate; 3 g Ballaststoffe; 110 mg Cholesterin

Das Hähnchenfleisch in der Wein-Marinade durchziehen lassen, dabei öfter wenden.

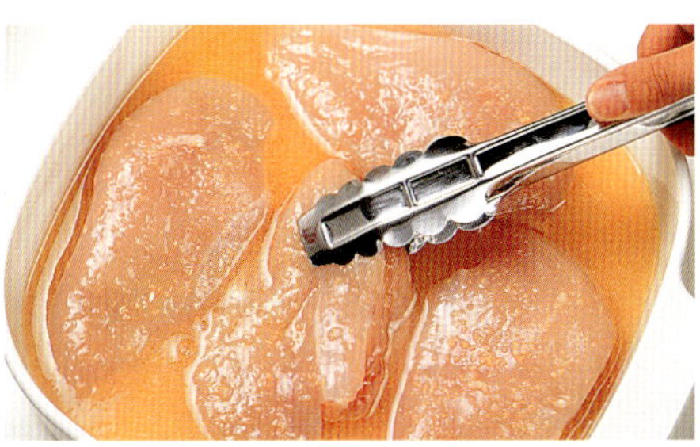

Das Hähnchenfleisch auf dem heißen Grillrost oder einer Grillplatte braten, bis es schön gebräunt ist.

Für den Obstsalat Ananas, Mango, Kiwi und Wassermelone fein würfeln.

Hähnchenschenkel in Zitrusmarinade

VORBEREITUNGSZEIT: 20 MINUTEN + 3 STUNDEN MARINIERZEIT | GARZEIT: 20 MINUTEN | FÜR 4 PERSONEN

8 Hähnchenunterschenkel (Drumsticks)
80 ml Orangensaft
80 ml Zitronensaft
1 TL abgeriebene unbehandelte Orangenschale
1 TL abgeriebene unbehandelte Zitronenschale
1 TL Sesamöl
1 TL Olivenöl
1 Frühlingszwiebel, in Ringe geschnitten

1 Die Hähnchenschenkel trocken tupfen. Sichtbares Fett entfernen und die Schenkel an ihren dicken Stellen mit einem Messer mehrmals einschneiden. In eine Schale legen.

2 Die Zitrusfruchtsäfte mit den abgeriebenen Zitrusfruchtschalen, beiden Ölen und Frühlingszwiebeln verrühren. Die Hähnchenschenkel mit der Marinade begießen. Zugedeckt für einige Stunden oder über Nacht in den Kühlschrank stellen; die Schenkel zwischendurch ab und zu wenden.

3 Eine Grillplatte erhitzen. Die Schenkel aus der Marinade heben und abtropfen lassen. Die Platte leicht ölen. Die Schenkel darauf rundum 15–20 Minuten braten, bis sie gar sind. Hin und wieder mit der Marinade bepinseln. Servieren.

NÄHRWERTE PRO PERSON ETWA
280 kcal; 43 g Eiweiß; 10 g Fett; 4 g Kohlenhydrate; 0 g Ballaststoffe; 95 mg Cholesterin

Die Hähnchenschenkel an ihren dicken Stellen mehrmals mit einem Messer einschneiden.

Die Hähnchenschenkel aus der Marinade nehmen; die Marinade aufheben.

Das Fleisch auf einer Grillplatte braten, dabei immer wieder mit der Marinade bepinseln.

Hähnchen-Fajitas

VORBEREITUNGSZEIT: 35 MINUTEN + 3 STUNDEN MARINIERZEIT | GARZEIT: 20 MINUTEN | FÜR 4 PERSONEN

4 Hähnchenbrustfilets
3 EL Olivenöl
60 ml Limettensaft
2 Knoblauchzehen, zerdrückt
1 TL gemahlener Kreuzkümmel
2 EL gehackte Korianderblätter
8 Soft-Tortillas
2 Zwiebeln, in Streifen geschnitten
2 grüne Paprikaschoten, in dünne Streifen geschnitten
125 g geriebener Käse (z. B. Emmentaler)
Fruchtfleisch von 1 große Avocado, in Streifen geschnitten
250 g Grillsauce nach Geschmack (Fertigprodukt)

1 Die Hähnchenbrustfilets in Streifen schneiden und in eine Schüssel legen. 2 EL Öl mit Limettensaft, Knoblauch, Kreuzkümmel und Koriander verrühren. Das Fleisch mit der Marinade begießen. Mit Frischhaltefolie bedecken und für einige Stunden oder über Nacht in den Kühlschrank stellen.

2 Eine Grillplatte erhitzen. Die Tortillas in Alufolie wickeln und auf eine weniger heiße Stelle der Platte legen, 10 Minuten erwärmen. Auf der Grillplatte 1 EL Öl erhitzen. Zwiebeln und Paprika darauf 5 Minuten braten. Das Gemüse an eine kühlere Stelle schieben.

3 Das Hähnchenfleisch mit der Marinade auf der Grillplatte 5 Minuten braten, bis es gar ist. Fleisch, Gemüse und Tortillas auf einer Servierplatte anrichten. Jeder bereitet sich seine Fajitas selber zu, indem er sie mit Fleisch, Gemüse, Käse und Avocado belegt, dann Grillsauce daraufgibt und die Fajitas zusammenfaltet.

Das Öl mit Limettensaft, Knoblauch, Kreuzkümmel und Koriander mischen; über das Fleisch gießen.

Zwiebel- und Paprikastreifen auf einer Grillplatte weich braten.

NÄHRWERTE PRO PERSON ETWA
1350 kcal; 88 g Eiweiß; 59 g Fett; 116 g Kohlenhydrate; 10 g Ballaststoffe; 175 mg Cholesterin

Gegrillte Hähnchenkoteletts mit Maisrelish

VORBEREITUNGSZEIT: 20 MINUTEN | GARZEIT: 25 MINUTEN | FÜR 4 PERSONEN

8 Hähnchenkoteletts (aufgeschnittene und aufgeklappte Hähnchenoberschenkel, mit Knochen und Haut)
1 EL Olivenöl
1 kleine Knoblauchzehe, zerdrückt
¼ TL gemahlene Kurkuma
Salz

MAISRELISH
200 g Maiskörner (aus der Dose)
2 EL Olivenöl
1 Zwiebel, fein gewürfelt
1 rote Chilischote, entkernt und gehackt
1 kleine grüne Paprikaschote, fein gewürfelt
80 ml Weißweinessig
60 g Zucker
1 TL körniger Senf
3 TL Speisestärke
1 TL Paprikapulver, edelsüß
1 TL fein gehackte Korianderblätter, mehr ganze Blätter zum Garnieren

NÄHRWERTE PRO PERSON ETWA
490 kcal; 47 g Eiweiß; 20 g Fett; 30 g Kohlenhydrate; 2 g Ballaststoffe; 100 mg Cholesterin

1 Den Grillrost oder eine Grillplatte erhitzen. Von den Hähnchenkoteletts sichtbares Fett und Sehnen entfernen. Die Haut mit einer Messerspitze einstechen. Das Fleisch in einen großen Topf mit kochendem Wasser legen und bei schwacher Hitze 5 Minuten köcheln lassen. Herausnehmen, abtropfen und abkühlen lassen.

2 Das Olivenöl mit Knoblauch, Kurkuma und Salz in einer Schüssel verschlagen. Die Hähnchenkoteletts auf den Hautseiten mit der Marinade einreiben; beiseitestellen.

3 Für das Maisrelish den Mais in einem Sieb abspülen und abtropfen lassen. Die Körner in kochendem Wasser 2 Minuten garen, dann abgießen. 1 EL Öl in einem Topf erhitzen. Die Zwiebel mit Chili und Paprika darin bei mittlerer Hitze glasig dünsten. Mais, Essig, Zucker und Senf dazugeben und 5 Minuten unter Rühren weiterköcheln. Die Speisestärke in 125 ml Wasser anrühren und in den Topf gießen. Die Sauce aufkochen und bei mittlerer Hitze eindicken lassen. Paprikapulver, Koriander und 1 EL Öl untermischen. Vom Herd nehmen und abkühlen lassen.

4 Den heißen Rost oder eine Grillplatte leicht fetten. Die Hähnchenkoteletts darauf erst mit der Hautseite nach oben 2 Minuten grillen, dann wenden und 4 Minuten weitergrillen. Anschließend noch 5–10 Minuten grillen, dabei öfter wenden, bis die Koteletts knusprig und gar sind. Mit dem Maisrelish servieren und mit Korianderblättern bestreuen.

Die Hähnchenkoteletts in einen Topf mit kochendem Wasser geben und vorgaren.

Das Maisrelish mit der angerührten Speisestärke andicken.

Die Hähnchenteile unter öfterem Wenden grillen, bis sie knusprig und durchgegart sind.

Grillhähnchen

VORBEREITUNGSZEIT: 10 MINUTEN | GARZEIT: 1 STUNDE | FÜR 4–6 PERSONEN

1 schweres, fleischiges Hähnchen (1,8 kg)
1 junge Knoblauchknolle
1 große Handvoll Oreganozweige
60 ml Olivenöl
Salz und Pfeffer aus der Mühle

1 Den Kugelgrill auf mittlere indirekte Hitze anheizen. Unter den Grillrost eine Abtropfschale stellen.

2 Das Hähnchen trocken tupfen. Die Bauchhöhle salzen und pfeffern, die Oreganozweige hineinlegen. Von der Knoblauchknolle mit einem scharfen Messer die Spitze abschneiden. Die ganze Knolle ungeschält in die Bauchhöhle des Hähnchens stecken. Die Bauchhöhle mit Zahnstochern verschließen.

3 Das Hähnchen rundherum mit Salz einreiben und mit Öl bepinseln. Die Schenkel mit Küchengarn zusammenbinden und die Flügelspitzen unter die Flügel schieben. Das Hähnchen auf den Grillrost über die Abtropfschale legen. Den Grill verschließen und das Hähnchen 1 Stunde grillen, dabei die Haut immer wieder mit Olivenöl bestreichen. Mit einem Spieß in einen Schenkel stechen; wenn klarer Saft herausläuft, ist das Hähnchen gar. Vom Grill nehmen und 5 Minuten ruhen lassen, dann tranchieren.

4 Vorsichtig den Knoblauch aus dem Hähnchen nehmen. Den Knoblauch aus den Zehen drücken und zum Hähnchen servieren.

Von der Knoblauchknolle die Spitze abschneiden; die Knolle in das Hähnchen stecken.

Um zu prüfen, ob das Hähnchen gar ist, mit einem Spieß in die dickste Stelle eines Schenkels stechen.

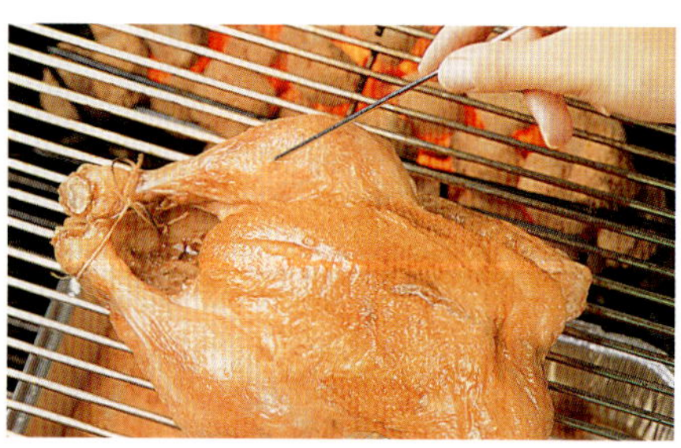

NÄHRWERTE PRO PERSON (BEI 6) ETWA
315 kcal; 42 g Eiweiß; 16 g Fett; 1 g Kohlenhydrate; 1 g Ballaststoffe; 140 mg Cholesterin

Glasierte Hähnchenbrustfilets

VORBEREITUNGSZEIT: 10 MINUTEN + 20 MINUTEN MARINIERZEIT | GARZEIT: 10 MINUTEN | FÜR 6 PERSONEN

6 Hähnchenbrustfilets
50 g weiche Butter
90 g Honig
60 ml Grillsauce (Fertigprodukt)
2 TL körniger Senf

1 Mit einem scharfen Messer die Brustfilets auf der Oberseite drei- oder viermal schräg einschneiden. Den Grill erhitzen.

2 Die Butter mit dem Honig, der Grillsauce und dem Senf in einer kleinen Schale cremig rühren. Die eingeschnittenen Seiten der Hähnchenbrustfilets mit der Hälfte der Honig-Butter bestreichen. Das Fleisch mit Frischhaltefolie bedecken und bei Raumtemperatur 20 Minuten durchziehen lassen.

3 Den Grillrost oder eine Grillplatte leicht fetten. Die Hähnchenbrustfilets mit der bestrichenen Seite nach oben darauflegen; auf jeder Seite 2–3 Minuten grillen, bis sie gar sind. Dabei öfter mit der restlichen Honig-Butter bestreichen. Mit gemischtem Blattsalat servieren.

HINWEIS: *Übriggebliebenes Fleisch zerkleinern und z. B. über grünen Salat streuen oder in Scheiben zu einem Sandwich verarbeiten.*

TIPPS: *Das Fleisch erst kurz vor dem Servieren grillen. Es kann gut über Nacht mit der Honig-Butter durchziehen, dann allerdings in den Kühlschrank stellen.*
Der Honig verliert an Geschmack, wenn er karamellisiert, deshalb am besten einen dunklen Honig mit intensivem Geschmack verwenden.

Die Hähnchenbrustfilets mit einem scharfen Messer oben mehrmals schräg einschneiden.

Für die Glasur die Butter mit Honig, Grillsauce und Senf verrühren.

NÄHRWERTE PRO PERSON ETWA
310 kcal; 38 g Eiweiß; 11 g Fett; 16 g Kohlenhydrate; 0 g Ballaststoffe; 105 mg Cholesterin

Chickenburger mit Estragon-Mayonnaise

VORBEREITUNGSZEIT: 25 MINUTEN | GARZEIT: 15 MINUTEN | FÜR 6 PERSONEN

1 kg fein gehacktes Hähnchenfleisch
1 kleine Zwiebel, fein gewürfelt
2 TL abgeriebene Zitronenschale
2 EL Sour Cream (ersatzweise saure Sahne)
80 g frische Brotkrumen
6 Mehrkornbrötchen
1 Handvoll Rucola zum Servieren
3 Tomaten, in Spalten geschnitten, zum Servieren
Pfeffer aus der Mühle

ESTRAGON-MAYONNAISE
1 Eigelb
1 EL Estragonessig
½ TL Dijonsenf
250 ml Olivenöl
Salz und Pfeffer aus der Mühle

NÄHRWERTE PRO PERSON ETWA
630 kcal; 40 g Eiweiß; 47 g Fett; 11 g Kohlenhydrate; 1 g Ballaststoffe; 120 mg Cholesterin

1 Das Hähnchenfleisch in eine Schüssel geben. Zwiebel, Zitronenschale, Sour Cream und Brotkrumen dazugeben und alles mit den Händen verkneten. Die Fleischmasse zu 6 gleich großen Fladen formen.

2 Den Grill oder eine Grillplatte erhitzen. Den heißen Rost oder die Grillplatte leicht ölen. Die Fleischfladen darauf auf jeder Seite 7 Minuten grillen.

3 Inzwischen für die Mayonnaise das Eigelb mit Essig und Senf in einen hohen Rührbecher geben. Mit dem Schneebesen oder Stabmixer 1 Minute durchschlagen, bis die Masse cremig ist. Das Öl zuerst teelöffelweise hinzufügen, bis die Creme dick wird, dann in einem dünnen Strahl einfließen lassen, dabei immer weiterschlagen. Den restlichen Essig unterrühren und die Mayonnaise salzen und pfeffern.

4 Die Brötchen quer durchschneiden und die Fladen mit Rucola und Mayonnaise daraufsetzen. Die Burger mit Tomaten anrichten und mit frisch gemahlenem schwarzem Pfeffer überstreuen. Deckel aufsetzen.

TIPP *Die Mayonnaise kann auch in der Küchenmaschine zubereitet werden. In diesem Fall das Öl bei laufendem Motor in dünnem Strahl dazufließen lassen, bis eine dicke, cremige Masse entsteht.*

Das gehackte Hähnchenfleisch mit Zwiebel, Zitronenschale, Sour Cream und Brotkrumen verkneten.

Die Fleischfladen auf jeder Seite 7 Minuten grillen, bis sie durchgegart sind.

Sobald die Ei-Öl-Mischung dick geworden ist, das restliche Öl in dünnem Strahl dazufließen lassen.

Gegrilltes Tandoori-Hähnchen

VORBEREITUNGSZEIT: 15 MINUTEN + 4 STUNDEN MARINIERZEIT | GARZEIT: 1 STUNDE | FÜR 4 PERSONEN

4 fleischige Hähnchenschenkel, ohne Haut
1 TL Salz
2 Knoblauchzehen, zerdrückt
1 EL Zitronensaft
250 g Joghurt
1½ TL Garam Masala
½ TL frisch gemahlener schwarzer Pfeffer
½ TL gemahlene Kurkuma
2–3 Tropfen rote Lebensmittelfarbe
20–30 Holz-Chips zum Räuchern
Olivenöl zum Bestreichen

1 Die Hähnchenschenkel in eine Schale legen und mit Salz und Knoblauch einreiben. Zitronensaft mit Joghurt, Garam Masala, Pfeffer und Kurkuma verrühren und die Mischung mit Lebensmittelfarbe orange- bis hellrot färben. Das Fleisch mit der Joghurt-Marinade bestreichen. Zugedeckt für 4 Stunden in den Kühlschrank stellen, dabei die Schenkel öfter wenden.

2 Den Kugelgrill für indirektes Grillen anheizen. Sobald die Kohlen mit feiner weißer Asche bedeckt sind, die Holz-Chips darüberstreuen. Den Grill schließen, bis die Chips zu rauchen beginnen (das dauert etwa 5 Minuten).

3 Den Grillrost fetten. Die Hähnchenschenkel darauflegen und den Grill schließen. Das Fleisch 45–60 Minuten grillen – es soll schön knusprig sein. Während des Grillens immer wieder mit Öl bepinseln.

Die Marinade auf das Hähnchenfleisch streichen und mit dem Löffelrücken gleichmäßig verteilen.

Die Hähnchenschenkel beim Grillen öfter mit der Marinade bestreichen.

NÄHRWERTE PRO PERSON ETWA
300 kcal; 45 g Eiweiß; 11 g Fett; 3 g Kohlenhydrate; 0 g Ballaststoffe; 100 mg Cholesterin

Chicken Wings auf japanische Art

VORBEREITUNGSZEIT: 15 MINUTEN + 3 STUNDEN MARINIERZEIT | GARZEIT: 15 MINUTEN | FÜR 4 PERSONEN

8 Hähnchenflügel
60 ml Sojasauce
2 EL trockener Sherry
2 TL geriebener frischer Ingwer
1 Knoblauchzehe, zerdrückt
1 EL Honig

1 Die Hähnchenflügel trocken tupfen. Die Flügelspitzen unter die Flügelansätze stecken.

2 Die Hähnchenflügel in eine Schale legen. Sojasauce mit Sherry, Ingwer, Knoblauch und Honig verrühren und über die Flügel gießen. Die Schale zudecken und die Hähnchenflügel für mehrere Stunden oder über Nacht im Kühlschrank marinieren. Zwei Blatt Alufolie dünn mit Öl einpinseln. Auf jedes Blatt 4 Hähnchenflügel legen und einpacken. Die Marinade aufbewahren.

3 Den Grill stark anheizen. Die Päckchen auf den heißen Grillrost oder eine Grillplatte legen und 10 Minuten grillen. Vom Grill nehmen und öffnen. Anschließend die Flügel direkt auf dem leicht geölten Grillrost oder der leicht geölten Grillplatte noch 3 Minuten grillen, bis sie knusprig sind, dabei immer wieder wenden und mit Marinade bestreichen.

NÄHRWERTE PRO PERSON ETWA
240 kcal; 43 g Eiweiß; 5 g Fett; 6 g Kohlenhydrate; 0 g Ballaststoffe; 95 mg Cholesterin

Die Flügelspitzen so unter die Ansätze klappen, dass die Flügel ein Dreieck bilden.

Je 4 Hähnchenflügel auf ein Stück Alufolie legen und darin gut einpacken.

Die vorgegarten Flügel direkt auf dem geölten Grill knusprig braten.

Orientalisches Brathähnchen

VORBEREITUNGSZEIT: 30 MINUTEN + 15 MINUTEN RUHEZEIT | GARZEIT: 1 STUNDE 30 MINUTEN | FÜR 6 PERSONEN

1 Hähnchen (etwa 1,6 kg)
100 g Instant-Couscous
4 entsteinte Datteln, gewürfelt
4 getrocknete Aprikosen, gewürfelt
1 EL Limettensaft
20 g Butter
2 EL Olivenöl
1 Zwiebel, gehackt
1–2 Knoblauchzehen, gehackt
1 TL gemahlener Koriander
2 EL gehackte glatte Petersilie
¼ TL zerstoßener schwarzer Pfeffer
1 TL gemahlener Kreuzkümmel
Salz und Pfeffer aus der Mühle

NÄHRWERTE PRO PERSON ETWA
330 kcal; 46 g Eiweiß; 14 g Fett; 6 g Kohlenhydrate; 1 g Ballaststoffe; 110 mg Cholesterin

1 Einen Kugelgrill für indirektes Grillen mittelstark anheizen. Eine Abtropfschale unter den Grillrost legen. Das Hähnchen von sichtbarem Fett befreien und mit Küchenpapier trocken tupfen. Couscous mit 125 ml kochend heißem Wasser übergießen und nach Packungsangabe quellen lassen. Dattel- und Aprikosenwürfel mit Limettensaft übergießen; beiseitestellen.

2 Butter und 1 EL Öl in einem Topf erhitzen. Die Zwiebel mit dem Knoblauch darin in 3–4 Minuten glasig braten. Vom Herd nehmen. Couscous, Datteln, Aprikosen, Koriander und Petersilie dazugeben. Alles gut mischen und mit Salz und Pfeffer abschmecken. Das Hähnchen mit der Coucous-Mischung füllen und die Öffnung mit Zahnstochern verschließen. Die Hähnchenschenkel mit Küchengarn zusammenbinden und die Flügelspitzen unter die Flügelansätze stecken.

3 Währenddessen das restliche Öl (1 EL) mit etwas Salz, dem zerstoßenen Pfeffer und dem Kreuzkümmel verrühren. Das Hähnchen rundum mit dem Würzöl einreiben; auf ein großes Stück gefettete Alufolie legen und die Folie gut verschließen. Das Päckchen auf den Grill über die Abtropfschale legen, den Grill schließen und das Hähnchen 50 Minuten grillen. Hähnchen vom Grill nehmen, die Folie öffnen und die Ränder so umschlagen, dass eine Schale entsteht. Hähnchen 20 Minuten weitergrillen, bis es goldbraun und gar ist. Vor dem Tranchieren noch etwa 5 Minuten ruhen lassen. Mit der Füllung servieren.

Vor dem Zubereiten sichtbares Fett, z. B. rund um den Bürzel, vom Hähnchen entfernen.

Zwiebel, Knoblauch, Couscous, Datteln, Aprikosen und Kräuter mischen. Salzen, pfeffern.

Das Öl mit Salz, geschrotetem Pfeffer und Kreuzkümmel verrühren; Hähnchen damit einreiben.

Reispfanne mit Hähnchen und Meeresfrüchten

VORBEREITUNGSZEIT: 40 MINUTEN | GARZEIT: 1 STUNDE | FÜR 4–6 PERSONEN

500 g rohe Garnelen
500 g Miesmuscheln
200 g Tintenfischtuben
60 ml Olivenöl
2 Chorizos (spanische Paprikawürste), in dicke Scheiben geschnitten
500 g Hähnchenteile
300 g Schweinefiletsteaks (Medaillons)
4 Knoblauchzehen, zerdrückt
2 rote Zwiebeln, gewürfelt
¼ TL Safranfäden, in heißem Wasser eingeweicht
¼ TL gemahlene Kurkuma
4 große Tomaten, entkernt und gewürfelt
450 g Rundkornreis
1,25 l heiße Hühnerbrühe
125 g grüne Bohnen, in 4 cm lange Stücke geschnitten
1 rote Paprikaschote, in Streifen geschnitten
150 g Erbsen (frisch gepalt oder TK)

1 Garnelen schälen und entdarmen. Muscheln putzen. Tintenfischtuben in 5 mm dicke Ringe schneiden. 1 EL Öl in einer großen Pfanne erhitzen, Chorizoscheiben darin 5 Minuten braten. Herausnehmen. Hähnchenteile im Öl in 5 Minuten goldbraun braten; ebenfalls herausnehmen.

2 Die Schweinefiletsteaks in der Pfanne auf beiden Seiten 3 Minuten braten. Herausnehmen. Das restliche Öl in der Pfanne erhitzen. Knoblauch, Zwiebeln, Safran und Kurkuma hineingeben und bei mittlerer Hitze braten, bis die Zwiebeln weich sind. Die Tomaten hinzufügen und alles noch 3 Minuten braten.

3 Den Reis unterrühren und glasig braten. Die heiße Brühe dazugießen, aufkochen; zugedeckt 10 Minuten köcheln lassen. Die Hähnchenteile dazugeben und zugedeckt 20 Minuten garen. Angebratene Zutaten und alles Gemüse untermischen; das Ganze zugedeckt noch 10 Minuten garen, bis alle Flüssigkeit aufgesogen ist.

Die gebratenen Wurststücke auf Küchenpapier abtropfen lassen.

Den Reis in die Pfanne geben und 5 Minuten mitbraten, bis er glasig ist.

NÄHRWERTE PRO PERSON (BEI 6) ETWA
645 kcal; 66 g Eiweiß; 12 g Fett; 66 g Kohlenhydrate; 6 g Ballaststoffe; 280 mg Cholesterin

Hähnchen-Pilaw

VORBEREITUNGSZEIT: 25 MINUTEN | GARZEIT: 40 MINUTEN | FÜR 4 PERSONEN

1,5 kg Hähnchenteile
80 ml Öl
50 g Mandeln
2 Zwiebeln, in dünne Streifen geschnitten
3 Knoblauchzehen, zerdrückt
1 TL Pfefferkörner
1 TL gemahlene Kurkuma
1 TL Kreuzkümmelsamen
2 Lorbeerblätter
5 Gewürznelken
1 Zimtstange
450 g Langkornreis
1 l Hühnerbrühe
80 g Erbsen (frisch gepalt oder TK)
30 g Sultaninen
3 hart gekochte Eier, geschält und geviertelt
Korianderblätter zum Servieren
Salz

1 Vom Hähnchenfleisch Fett und Sehnen entfernen. Die Hälfte des Öls in einer großen hohen Pfanne erhitzen. Die Hähnchenteile darin portionsweise bei mittlerer Hitze zugedeckt 5–10 Minuten braten, bis sie rundum braun sind. Herausnehmen. 1 EL Öl in der Pfanne erhitzen, die Mandeln darin rösten; herausnehmen.

2 Das restliche Öl in der Pfanne erhitzen. Zwiebeln und Knoblauch darin bei schwacher Hitze unter gelegentlichem Rühren 2 Minuten braten. Pfefferkörner, Kurkuma, Kreuzkümmel, Lorbeerblätter, Nelken und Zimt dazugeben. Alles bei starker Hitze 1 Minute braten, bis Duft aufsteigt. Den Reis einrühren.

3 Brühe, Hähnchenteile und etwas Salz dazugeben. Aufkochen, zugedeckt bei schwacher Hitze 20 Minuten köcheln lassen. Erbsen und Sultaninen untermischen. Den Pilaw 5 Minuten weiterkochen, bis alle Flüssigkeit aufgesogen und das Fleisch gar ist (falls nötig, mehr Brühe oder Wasser dazugießen). Pilaw mit den Eiern anrichten, mit Mandeln und Korianderblättern bestreuen.

NÄHRWERTE PRO PERSON ETWA
660 kcal; 67 g Eiweiß; 38 g Fett; 14 g Kohlenhydrate; 4 g Ballaststoffe; 280 mg Cholesterin

Den Reis zu den angerösteten Gewürzen in die Pfanne geben und anbraten.

Erbsen und Sultaninen unter die Zutaten mischen und alles 5 Minuten köcheln lassen.

Indische Reispfanne mit Hähnchen

VORBEREITUNGSZEIT: 40 MINUTEN + 4 STUNDEN MARINIERZEIT | GARZEIT: 1 STUNDE 45 MINUTEN | FÜR 6 PERSONEN

MARINADE
6 Kardamomkapseln
3 Zwiebeln, geschält
3 Knoblauchzehen
5 cm frischer Ingwer, in Scheiben geschnitten
¼ TL gemahlene Gewürznelken
1 TL gemahlener schwarzer Pfeffer
1 TL gemahlener Kreuzkümmel
1 TL gemahlener Zimt
¼ TL geriebene Muskatnuss
1½ EL Mohnsamen
2 EL Zitronensaft
250 g Joghurt
Salz

1 kg Hähnchenteile, in kleine Stücke gehackt
80 ml Öl
3 Lorbeerblätter
2 Kardamomkapseln, angedrückt
3 Zwiebeln, in sehr feine Streifen geschnitten
2 EL Rosinen
300 g Langkornreis
60 ml Milch
1 TL Zucker
1 TL Safranfäden
40 g geröstete Cashewkerne zum Bestreuen
Joghurt zum Servieren
Salz

1 Für die Marinade die Kardamomkapseln zerdrücken, um die Samen herauszulösen. Zwiebeln, Knoblauch und Ingwer fein würfeln. Gewürze, Mohn und Zitronensaft dazugeben. Alles in den Joghurt rühren, diesen mit Salz abschmecken und beiseitestellen.

2 Die Haut der Hähnchenstücke mit einer Gabel einstechen (dann ziehen die Gewürze besser ins Fleisch). Die Teile in eine Schüssel legen, mit der Joghurtmarinade begießen und durch Wenden damit überziehen. Für 4 Stunden oder über Nacht im Kühlschrank durchziehen lassen.

3 In einer großen hohen Pfanne 3 EL Öl schwach erhitzen. Lorbeerblätter und Kardamomkapseln darin 2 Minuten braten, dabei aufpassen, dass sie nicht verbrennen. Die Gewürze herausnehmen und wegwerfen. Die Zwiebeln mit den Rosinen ins Öl geben und in 8 Minuten goldbraun braten. Mit einem Schaumlöffel herausheben. Das Öl aufheben.

4 Die Hähnchenteile mit der Marinade in einen backofenfesten Topf geben und erhitzen. Zugedeckt 15 Minuten bei schwacher Hitze köcheln lassen. Die Hähnchenteile mit einem Schaumlöffel herausheben, dabei möglichst viel Marinade im Topf lassen. Die Marinade auf 250 ml einkochen lassen. Die Hähnchenteile wieder in die Sauce legen. Topf beiseitestellen.

5 Den Reis in einem breiten Topf in kochendem Salzwasser 7 Minuten kochen; er soll noch nicht gar sein. Durch ein Sieb abgießen und wieder in den Topf geben. Inzwischen die Milch mit dem Zucker aufkochen, in eine Schüssel gießen und den Safran darin 5 Minuten einweichen.

6 Den Backofen auf 150 °C vorheizen. Die Safranmilch über den Reis gießen und mit einer Gabel untermischen. Den Reis zu den Hähnchenteilen in den Topf geben, das restliche Gewürz-Öl (aus der Pfanne) dazugießen. Den Topf mit Alufolie verschließen und in den Backofen stellen. Das Reisgericht 1 Stunde backen, bis das Fleisch und der Reis gar sind. Mit den Cashewkernen bestreuen; mit Joghurt servieren.

NÄHRWERTE PRO PERSON ETWA
785 kcal; 40 g Eiweiß; 45 g Fett; 60 g Kohlenhydrate; 4 g Ballaststoffe; 140 mg Cholesterin

Kardamomkapseln mit einer Messerklinge andrücken – so lassen sich die Samen leicht herauslösen.

Die Haut der Hähnchenteile mit einer Gabel einstechen, damit die Gewürze besser einziehen können.

Die Safranmilch zum Reis gießen und mit einer Gabel unterrühren.

Hähnchen mit Oliven und getrockneten Tomaten

VORBEREITUNGSZEIT: 20 MINUTEN | GARZEIT: 15 MINUTEN | FÜR 4 PERSONEN

Olivenöl zum Braten
4 Hähnchenbrustfilets, schräg in dünne Streifen geschnitten
1 rote Zwiebel, in dünne Streifen geschnitten
3 Knoblauchzehen, fein gewürfelt
2 EL Weißweinessig
1 TL Sambal Oelek
1 EL Zitronensaft
12 Kalamata-Oliven oder andere schwarze Oliven, entsteint und längs geviertelt
40 g in Öl eingelegte getrocknete Tomaten, in dünne Streifen geschnitten
1 EL in Streifen geschnittenes Basilikum
Salz und Pfeffer aus der Mühle

1 Den Wok sehr stark erhitzen und 2 TL Öl darin durch Schwenken verteilen. Die Hähnchenstreifen darin in zwei Portionen pfannenrühren, bis sie braun und gar sind, falls nötig, mehr Öl dazugeben. Das gesamte Fleisch herausnehmen und warm stellen.

2 Den Wok wieder erhitzen, 1 EL Öl dazugeben und die Zwiebel darin weich braten. Den Knoblauch 1 Minute mitbraten. Hähnchenfleisch, Essig, Sambal Oelek und Zitronensaft unterrühren.

3 Oliven, Tomaten und Basilikum dazugeben. Alles mit Salz und schwarzem Pfeffer abschmecken, noch einmal gut erwärmen.

Sambal Oelek ist eine indonesische Gewürzpaste, die aus Salz, Essig und Chili besteht.

Die getrockneten Tomaten abtropfen lassen und in dünne Streifen schneiden.

NÄHRWERTE PRO PERSON ETWA
135 kcal; 35 g Eiweiß; 15 g Fett; 3 g Kohlenhydrate; 2 g Ballaststoffe; 75 mg Cholesterin

Hähnchenschnitzel mit Gemüse

VORBEREITUNGSZEIT: 25 MINUTEN | GARZEIT: 20 MINUTEN | FÜR 4 PERSONEN

2 EL Olivenöl
6 Scheiben roher Schinken, schräg in dünne Streifen geschnitten
500 g Hähnchenbrustfilets, in schnitzelähnliche Stücke geschnitten
1 rote Zwiebel, gewürfelt
2 Knoblauchzehen, zerdrückt
1 kleine rote Chilischote, gehackt
1 EL Mehl
375 ml Hühnerbrühe
150 g grüner Spargel, halbiert
250 g grüne Bohnen, halbiert
4 EL Schnittlauchröllchen

1 In einer Pfanne 1 EL Öl erhitzen. Den Schinken darin bei mittlerer Hitze in 2 Minuten knusprig braten. Mit einem Schaumlöffel herausheben und auf Küchenpapier abtropfen lassen.

2 Das Hähnchenfleisch in die Pfanne geben und bei starker Hitze auf jeder Seite 2 Minuten braten. Herausnehmen und auf Küchenpapier abtropfen lassen.

3 Das restliche Öl in der Pfanne erhitzen. Zwiebel, Knoblauch und Chili darin bei mittlerer Hitze 2 Minuten unter Rühren braten, das Mehl darüberstreuen und anschwitzen.

4 Die Brühe portionsweise dazugießen und bei starker Hitze kochen lassen, bis die Sauce eindickt. Spargel und Bohnen hinzufügen. Alles zugedeckt bei schwacher Hitze 3–5 Minuten köcheln lassen, bis das Gemüse bissfest ist. Die Hähnchenschnitzel in die Pfanne geben; das Ganze noch 4 Minuten köcheln lassen, bis das Fleisch gar ist. Das Gericht mit Schnittlauchröllchen und Schinkenstreifen bestreuen; servieren.

TIPP *Dazu passen Penne oder Salzkartoffeln.*

Die Spargelstangen und die Bohnen putzen und quer halbieren.

Das Mehl über die Zwiebelmischung stäuben und 1 Minute anschwitzen.

NÄHRWERTE PRO PERSON ETWA
135 kcal; 5 g Eiweiß; 10 g Fett; 7 g Kohlenhydrate; 3 g Ballaststoffe; 3 mg Cholesterin

Gefüllte Hähnchenbrustfilets

VORBEREITUNGSZEIT: 40 MINUTEN | GARZEIT: 45 MINUTEN | FÜR 6 PERSONEN

80 ml Olivenöl
1 Zwiebel, fein gewürfelt
2 Knoblauchzehen, zerdrückt
100 g gekochter Schinken, fein gewürfelt
1 grüne Paprikaschote, fein gewürfelt
2 EL fein gehackte entsteinte schwarze Oliven
35 g geriebener Parmesan
6 Hähnchenbrustfilets
Mehl zum Bestäuben
2 Eier, leicht verquirlt
150 g Semmelbrösel

NÄHRWERTE PRO PERSON ETWA
395 kcal; 35 g Eiweiß; 20 g Fett; 20 g Kohlenhydrate; 2 g Ballaststoffe; 115 mg Cholesterin

1 In einem Topf 1 EL Öl erhitzen. Die Zwiebel mit Knoblauch, Schinken und Paprika darin bei mittlerer Hitze in 5 Minuten glasig dünsten. Herausnehmen und in eine ofenfeste Form füllen. Oliven und Parmesan dazugeben.

2 In jedes Hähnchenbrustfilet seitlich eine tiefe Tasche schneiden, dabei das Fleisch fast durchschneiden.

3 Die Hähnchenbrustfilets mit der Schinkenmischung füllen und mit Zahnstochern verschließen. Mit Mehl bestäuben, überschüssiges Mehl abschütteln. Die Filets zuerst im Ei, dann in den Semmelbröseln wenden. Das restliche Öl in einer großen Pfanne erhitzen. Die Hähnchenfilets darin portionsweise bei mittlerer Hitze 15–20 Minuten braten, dabei nach der Hälfte der Zeit wenden. Sie sollen goldbraun und gar sein. Zum Servieren die Zahnstocher entfernen und die Filets schräg in dünne Scheiben schneiden.

Seitlich in jedes Hähnchenbrustfilet eine tiefe Tasche schneiden. Die Filets dabei fast durchschneiden.

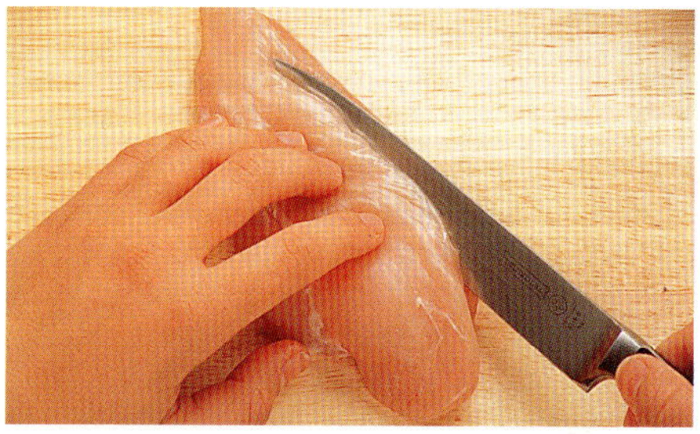

Jedes Filet mit der Zwiebel-Schinken-Mischung füllen und mit Zahnstochern verschließen.

Die gefüllten Filets vor dem Braten panieren: erst im verquirlten Ei, dann in Semmelbröseln wälzen.

Aus dem Ofen

Brathähnchen mit Brotfüllung

VORBEREITUNGSZEIT: 40 MINUTEN | GARZEIT: 1 STUNDE 30 MINUTEN | FÜR 6 PERSONEN

6 Scheiben Vollkornbrot, entrindet
3 Scheiben Bacon (Frühstücksspeck), fein gewürfelt
3 Frühlingszwiebeln, fein zerkleinert
2 EL gehackte Pekannusskerne
2 TL Korinthen
1 Handvoll gehackte glatte Petersilie
1 Ei
60 ml Milch
1 Hähnchen (1,4 kg)
40 g Butter, zerlassen
1 EL Öl
1 EL Sojasauce
1 Knoblauchzehe, zerdrückt
375 ml Hühnerbrühe
1 EL Mehl
Salz und Pfeffer aus der Mühle

1 Den Backofen auf 180 °C vorheizen. In einer trockenen Pfanne den Bacon bei starker Hitze knusprig braten. Das Brot 1 cm groß würfeln und in eine Schüssel geben. Bacon, Frühlingszwiebeln, Nüsse, Korinthen und Petersilie hinzufügen. Das Ei mit der Milch vequirlen; Eiermilch über die Brotmischung gießen. Mit Salz und Pfeffer würzen.

2 Das Hähnchen trocken tupfen und mit der Brot-Bacon-Mischung füllen. Die Schenkel über der Bauchseite zusammenbinden und die Flügelspitzen unter die Flügel stecken.

3 Den Backofenrost in die Fettpfanne legen; Hähnchen daraufsetzen. Butter, Öl und Sojasauce verrühren. Das Hähnchen mit etwas von dieser Mischung bepinseln. Den Rest mit Knoblauch und der Hälfte der Brühe in die Fettpfanne gießen. Das Hähnchen im Ofen etwa 1 Stunde 15 Minuten braten, dabei hin und wieder mit Bratflüssigkeit begießen. Zur Garprobe in einen Schenkel stechen; wenn klarer Saft herausläuft, ist das Hähnchen gar. Falls nötig, weiterbraten. Das Hähnchen mit Alufolie bedecken und 5 Minuten ruhen lassen.

4 Den Bratensaft aus der Fettpfanne in einen Topf gießen. Das Mehl dazugeben und unterrühren, bis eine dicke Paste entstanden ist. Das Ganze bei schwacher Hitze unter Rühren anschwitzen, bis es schön braun ist. Nach und nach die restliche Brühe dazugießen und unter Rühren aufkochen und etwas einkochen lassen. Falls nötig, mehr Brühe oder Wasser dazugeben; mit Salz und Pfeffer abschmecken. Das tranchierte Hähnchen mit der Sauce servieren.

NÄHRWERTE PRO PERSON ETWA
365 kcal; 33 g Eiweiß; 20 g Fett; 15 g Kohlenhydrate; 3 g Ballaststoffe; 110 mg Cholesterin

Das Hähnchen trocken tupfen und die Füllung mit einem Löffel in die Bauchhöhle geben.

Schenkel über der Bauchhöhle zusammenbinden und die Flügelspitzen unter die Flügel schlagen.

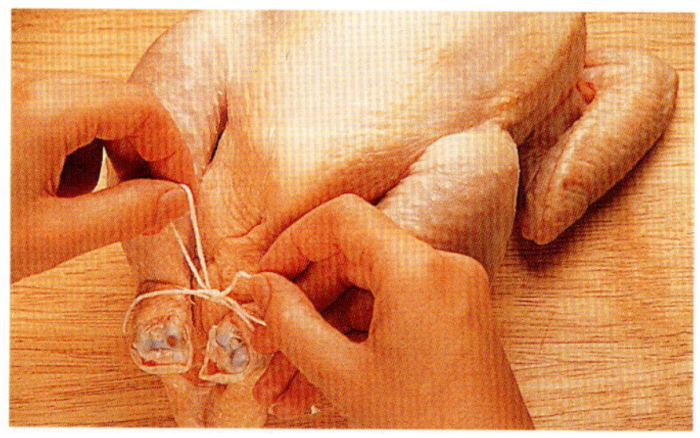

Hähnchenschenkel mit Johannisbeersauce

VORBEREITUNGSZEIT: 25 MINUTEN + 2 STUNDEN MARINIERZEIT | GARZEIT: 30 MINUTEN | FÜR 4 PERSONEN

4 Hähnchenschenkel mit Rückenstück
125 ml Rotwein
1 EL fein gehackter Thymian
1 EL fein gehackter Rosmarin, mehr zum Bestreuen
1 EL Olivenöl
150 g Johannisbeergelee

1 Von den Hähnchenschenkeln sichtbares Fett und Sehnen entfernen. Die Schenkel in eine Schale legen. Den Wein mit Thymian und Rosmarin verrühren. Die Fleischteile mit der Marinade begießen und zugedeckt für 2 Stunden oder über Nacht im Kühlschrank durchziehen lassen. Die Schenkel ab und zu wenden.

2 Den Backofen auf 200 °C vorheizen. Die Hähnchenschenkel abtropfen lassen (die Marinade aufheben), auf ein Backblech legen und mit Öl bepinseln. Im heißen Ofen unter gelegentlichem Wenden 30 Minuten garen, bis das Fleisch völlig gar ist.

3 Inzwischen die abgetropfte Marinade mit dem Johannisbeergelee in einem kleinen Topf verrühren. Bei mittlerer Hitze unter Rühren aufkochen, dann offen bei schwacher Hitze 15 Minuten köcheln lassen. Die Sauce über die fertigen Hähnchenschenkel gießen; alles mit Rosmarin bestreuen und servieren.

Den Wein mit Thymian und Rosmarin über die Hähnchenschenkel gießen.

Die restliche Marinade mit dem Johannisbeergelee in einem kleinen Topf verrühren.

NÄHRWERTE PRO PERSON ETWA
265 kcal; 37 g Eiweiß; 9 g Fett; 5 g Kohlenhydrate; 0 g Ballaststoffe; Cholesterin 90 mg

Orangenhähnchen

VORBEREITUNGSZEIT: 15 MINUTEN + 3 STUNDEN MARINIERZEIT | GARZEIT: 40 MINUTEN | FÜR 8 PERSONEN

2 kleine Hähnchen (je 800 g)
100 g weiche Butter
2 Knoblauchzehen, zerdrückt
1 EL abgeriebene unbehandelte Orangenschale
60 ml frisch gepresster Orangensaft

1 Die Hähnchen mit einer Küchen- oder Geflügelschere längs halbieren. Mit Küchenpapier innen und außen trocken tupfen.

2 Die Butter mit Knoblauch und Orangenschale cremig rühren. Mit den Fingern vorsichtig unter die Haut der Hähnchenhälften fahren, um sie vom Fleisch zu lösen. Die Orangenbutter gleichmäßig unter der Hähnchenhaut verteilen. Die Hähnchenhälften in eine Form legen und mit Orangensaft begießen. Zudecken und für 3 Stunden, besser über Nacht, im Kühlschrank durchziehen lassen.

3 Den Backofen auf 220 °C vorheizen. Den Backofenrost auf die Fettpfanne setzen. Die Hähnchenteile abtropfen lassen und mit den Hautseiten nach oben auf den Rost legen. 2 EL Wasser in die Fettpfanne geben.

4 Die Hähnchenhälften 30–40 Minuten im heißen Ofen braten, bis sie goldbraun sind. Mit Alufolie bedecken und 15 Minuten ruhen lassen. Jede Hälfte noch einmal halbieren.

Die Hähnchen mit der Küchen- oder Geflügelschere längs halbieren.

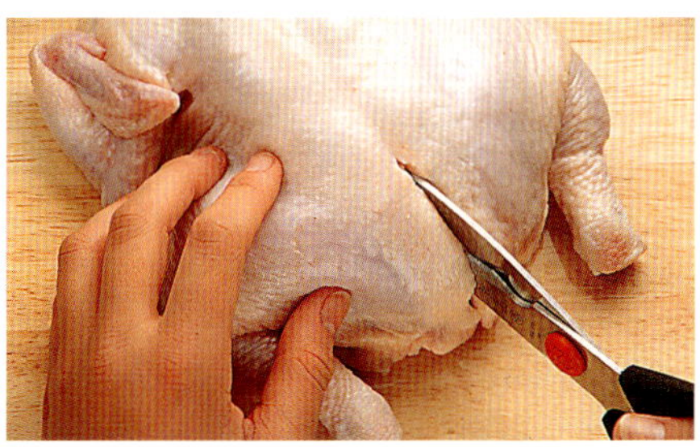

Die Haut vorsichtig vom Fleisch lösen und die Orangenbutter darunterstreichen.

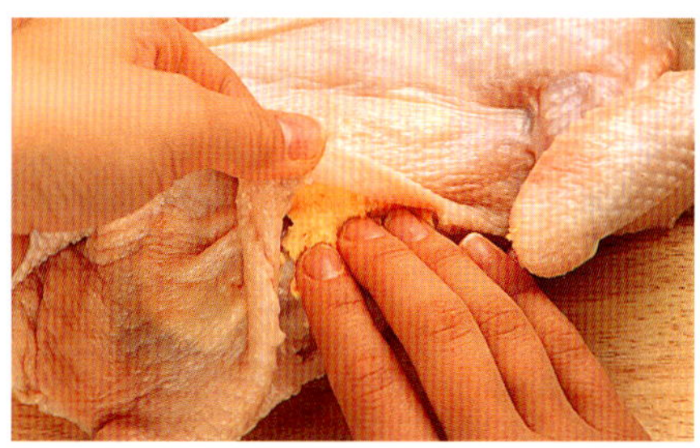

NÄHRWERTE PRO PERSON ETWA
235 kcal; 30 g Eiweiß; 15 g Fett; 1 g Kohlenhydrate; 0 g Ballaststoffe; 95 mg Cholesterin

Hähnchen-Lauch-Auflauf mit Kartoffeltalern

VORBEREITUNGSZEIT: 1 STUNDE | GARZEIT: 1 STUNDE | FÜR 4–6 PERSONEN

50 g Butter
1 kg Hähnchenbrustfilets, in dicke Streifen geschnitten
250 g Lauch, in dünne Ringe geschnitten
1 Stange Sellerie, in dünne Scheiben geschnitten
250 ml Hühnerbrühe
250 g Sahne
3 TL Dijonsenf
3 TL grüne Pfefferkörner, abgetropft
Salz und Pfeffer aus der Mühle

BELAG
400 g Kartoffeln, geviertelt
175 g Mehl
½ TL Salz
30 g alter Gouda, gerieben
100 g kalte Butter, gewürfelt
Mehl zum Arbeiten
1 Eigelb, leicht verquirlt
1 EL Milch
Salz

NÄHRWERTE PRO PERSON (BEI 6) ETWA
570 kcal; 45 g Eiweiß; 30 g Fett; 30 g Kohlenhydrate; 4 g Ballaststoffe; 185 mg Cholesterin

1 Die Hälfte der Butter in einer großen Pfanne erhitzen. Das Hähnchenfleisch darin goldbraun braten; herausnehmen. In der restlichen Butter Lauch und Sellerie bei mittlerer Hitze braten, bis das Gemüse weich ist. Hähnchenfleisch dazugeben.

2 Das Fleisch mit Mehl bestäuben und 1 Minute unter Rühren braten. Brühe und Sahne unter Rühren dazugießen – es sollen keine Klümpchen mehr vorhanden sein, dann aufkochen und bei schwacher Hitze 20 Minuten köcheln lassen. Senf, Pfefferkörner, Salz und Pfeffer dazugeben. Hähnchen-Lauch-Mischung in eine Auflaufform füllen; beiseitestellen.

3 Während die Fleischmischung köchelt, für den Belag die Kartoffeln in kochendem Salzwasser garen. Abgießen und zerstampfen. Mehl mit Salz, Käse und Butter zu Streuseln verarbeiten. Diese mit den Händen unter die Kartoffeln kneten, bis ein weicher Teig entstanden ist. Den Backofen auf 200 °C vorheizen.

4 Den Kartoffelteig auf einer dünn bemehlten Arbeitsfläche 1 cm dick ausrollen. 6 cm große Teigkreise ausstechen. Den restlichen Teig zusammenkneten, nochmal ausrollen und weiterverarbeiten. Die Teigkreise leicht überlappend auf die Hähnchen-Lauch-Mischung in der Auflaufform legen.

5 Eigelb mit der Milch verquirlen und die Teigkreise mit der Mischung bepinseln. Den Auflauf im heißen Ofen 30 Minuten backen, bis der Belag goldbraun ist.

Senf und Pfefferkörner zu der köchelnden Hähnchen-Lauch-Mischung geben.

Butter-Mehl-Streusel und zerstampfte Kartoffeln mit den Händen zu einem Teig kneten.

Die Kartoffelteigtaler überlappend auf die abgekühlte Hähnchen-Lauch-Mischung setzen.

Hähnchen-Champignon-Pastete

VORBEREITUNGSZEIT: 45 MINUTEN + 30 MINUTEN KÜHLZEIT | GARZEIT: 40 MINUTEN | FÜR 4 PERSONEN

50 g Butter
2 Scheiben Bacon (Frühstücksspeck), in Streifen geschnitten
4 Frühlingszwiebeln, gehackt
100 g Champignons, in Scheiben geschnitten
1 EL Mehl
175 ml Milch
1 EL Crème fraîche
180 g gegarte Hähnchenbrust, grob gehackt
1 Handvoll gehackte glatte Petersilie
4 TK-Blätterteigplatten, aufgetaut
1 Eigelb, mit 1 EL Wasser leicht verquirlt

1 Die Butter in einer Pfanne erhitzen; Bacon und Frühlingszwiebeln darin 2–3 Minuten unter Rühren braten. Die Pilze dazugeben und 3 Minuten mitbraten. Mehl darüberstäuben und 1 Minute anschwitzen. Die Milch dazugießen und unter Rühren in 2–3 Minuten dick einkochen lassen. Die Pfanne vom Herd nehmen. Sahne, Hähnchenfleisch und Petersilie hinzufügen und alles abkühlen lassen.

2 Aus je 2 Blätterteigplatten einen Kreis von 24 cm Ø schneiden (z. B. eine Springform als Maß nehmen). Einen Teigboden auf ein gefettetes Backblech legen. Fleischmasse mittig daraufsetzen, dabei einen 2 cm breiten Rand frei lassen. Diesen mit dem verquirlten Eigelb bepinseln.

3 Mit einer Messerspitze auf der zweiten Teigplatte in regelmäßigen Abständen von der Mitte nach außen Linien ziehen. (Teig nicht durchschneiden!) Diese Platte vorsichtig auf den gefüllten Boden legen. Die Ränder zusammendrücken und mit einem Messerrücken im Abstand von 1 cm einkerben. Die Pastete mit Frischhaltefolie bedecken und 30 Minuten kühl stellen.

4 Den Backofen auf 190 °C vorheizen. Die Pastete mit dem restlichen Eigelb bestreichen und in die Mitte ein kleines Dampfloch schneiden. Im Ofen in 25 Minuten goldbraun backen.

Auf der Teigplatte mit einem Messer Linien von der Mitte nach außen einritzen.

Mit dem Rücken eines breiten Messer die Teigränder zusammendrücken.

NÄHRWERTE PRO PERSON ETWA
570 kcal; 25 g Eiweiß; 40 g Fett; 35 g Kohlenhydrate; 2 g Ballaststoffe; 160 mg Cholesterin

Hähnchenpastete

VORBEREITUNGSZEIT: 40 MINUTEN + 20 MINUTEN KÜHLZEIT | GARZEIT: 1 STUNDE | FÜR 6 PERSONEN

TEIG
250 g Mehl, mehr zum Arbeiten
½ TL Backpulver
1 gute Messerspitze Salz
125 g Butter, in Stückchen
1 Ei
Milch zum Bestreichen

FÜLLUNG
500 g gegartes Hähnchenfleisch
30 g Butter
1 Zwiebel, fein gewürfelt
300 g Maiskörner (aus der Dose), püriert
300 g Sahne
Salz und Pfeffer aus der Mühle

1 Für den Teig Mehl mit Backpulver und Salz mischen. Mit der Butter in der Küchenmaschine in 15 Sekunden zu Streuseln verarbeiten, dann Ei und 2–3 EL Wasser dazugeben und in 30 Sekunden untermixen. Auf einer leicht bemehlten Arbeitsfläche zu einem glatten Teig kneten. Teig in Frischhaltefolie wickeln und kühl stellen.

2 Für die Füllung das Hähnchenfleisch fein hacken. Butter in einer Pfanne erhitzen und die Zwiebel darin bei mittlerer Hitze in 3 Minuten glasig dünsten. Fleisch, Mais und Sahne dazugeben. Alles aufkochen, dann bei schwacher Hitze 10 Minuten köcheln lassen. Vom Herd nehmen und abkühlen lassen. Salzen und pfeffern.

3 Den Backofen auf 180 °C vorheizen. Den Teig halbieren und eine Hälfte zwischen zwei Lagen Frischhaltefolie zu einem 26 cm großen Kreis ausrollen. Boden und Rand einer Pieform (24 cm Ø) damit auskleiden. Hähnchenmasse in die Form füllen. Den restlichen Teig etwas größer als die Form ausrollen, auf die Füllung legen. Mit Milch bestreichen. Teigränder zusammendrücken. Überstehenden Teig abschneiden, zu zwei Rollen formen, diese zusammendrehen. Teigrand mit Milch bepinseln und den Teigstrang daraufsetzen. 45 Minuten backen.

NÄHRWERTE PRO PERSON ETWA
675 kcal; 18 g Eiweiß; 48 g Fett; 44 g Kohlenhydrate; 4 g Ballaststoffe; 210 mg Cholesterin

Eine Teighälfte zwischen zwei Lagen Frischhaltefolie rund ausrollen.

Den Teigrand mit Milch bepinseln, einen Teigstrang rundherum daraufsetzen und andrücken.

Pastetchen mit Thai-Hähnchencurry

VORBEREITUNGSZEIT: 45 MINUTEN + 30 MINUTEN KÜHLZEIT | GARZEIT: 45 MINUTEN | FÜR 4 STÜCK

125 g Mehl
1 Messerspitze Salz
65 g kalte Butter

FÜLLUNG
1 EL Öl
1 EL grüne Thai-Currypaste
125 ml Kokosmilch
500 g Hähnchenfleisch, in mundgerechte Stücke geschnitten
200 g grüne Bohnen, in kurze Stücke geschnitten
2 Kaffirlimettenblätter
2 TL Fischsauce
1 EL Limettensaft
2 TL brauner Zucker
1 EL Speisestärke
1 Ei, leicht verquirlt

NÄHRWERTE PRO PERSON ETWA
530 kcal; 35 g Eiweiß; 30 g Fett; 30 g Kohlenhydrate; 3 g Ballaststoffe; 175 mg Cholesterin

1 Mehl mit Salz und Butter in der Küchenmaschine zu feinen Bröseln verarbeiten. 1–2 EL Wasser dazugeben und in kurzen Abständen weiterkneten, bis ein weicher Teig entsteht; falls nötig, noch Wasser dazugeben. Den Teig auf einer leicht bemehlten Arbeitsfläche rasch zu einer Kugel kneten, in Frischhaltefolie wickeln und für mindestens 30 Minuten in den Kühlschrank legen.

2 Das Öl im Wok oder in einer schweren Pfanne erhitzen. Die Currypaste darin unter ständigem Rühren braten. Kokosmilch und 60 ml Wasser dazugießen und aufkochen. Hähnchenfleisch, Bohnen und Kaffirlimettenblätter unterrühren. Die Mischung 15 Minuten köcheln lassen, bis Fleisch und Bohnen gar sind. Mit Fischsauce, Limettensaft und Zucker würzen. Die Speisestärke mit 1 EL Wasser glatt rühren. Unter das Curry rühren; erhitzen, bis die Sauce aufkocht und dick wird. Limettenblätter herausnehmen und die Füllung auf vier ofenfeste Formen (je 125 ml Inhalt) verteilen.

3 Den Teig vierteln. Jede Portion zwischen zwei Lagen Backpapier etwas größer als die Formen ausrollen. Die Ränder der Formen mit Ei bepinseln und den Teig auf die Formen legen. Rundum andrücken, um die Pasteten zu verschließen. Überstehenden Teig abschneiden. In die Mitte der Pasteten ein kleines Dampfloch schneiden. Die Teigdeckel mit Ei bestreichen. Die Pasteten auf ein Backblech stellen und im Ofen in 20–25 Minuten goldbraun backen. Sofort servieren.

Die Currypaste im Wok 1 Minute unter Rühren braten, dann die Kokosmilch dazugießen.

Die angerührte Speisestärke zum Curry gießen; köcheln lassen, bis die Sauce eindickt.

Jedes Teigstück ausrollen und auf die gefüllten Förmchen setzen.

Quiche mit Hähnchen und Spargel

VORBEREITUNGSZEIT: 25 MINUTEN + 40 MINUTEN KÜHLZEIT | GARZEIT: 1 STUNDE 20 MINUTEN | FÜR 8 PERSONEN

250 g Mehl
1 Messerspitze Salz
100 g kalte Butter, in Stückchen
1 Eigelb

FÜLLUNG
150 g grüner Spargel, in kurze Stücke geschnitten
25 g Butter
1 Zwiebel, gewürfelt
50 g körniger Senf
200 g Doppelrahmfrischkäse
125 g Sahne
3 Eier, leicht verquirlt
200 g gegartes Hähnchenfleisch, zerkleinert
Salz und Pfeffer aus der Mühle

1 Das Mehl mit der Butter zu Streuseln verarbeiten. Eigelb und 3 EL Wasser dazugeben und zusammenkneten; falls nötig, mehr Wasser hinzufügen. Den Teig auf einer dünn bemehlten Arbeitsfläche zu einer Kugel kneten, in Frischhaltefolie wickeln und 30 Minuten kühl stellen. Quicheform mit losem Boden (20 cm Ø) fetten.

2 Teig ausrollen, die Form damit auskleiden. 10 Minuten kalt stellen. Backofen auf 200 °C vorheizen. Den Teig mit Backpapier bedecken und mit getrockneten Hülsenfrüchten beschweren. Im Ofen 10 Minuten backen. Backpapier mit Hülsenfrüchten entfernen und den Teigboden in weiteren 10 Minuten goldbraun backen. Herausnehmen; Backofentemperatur auf 180 °C senken.

3 Für die Füllung den Spargel bissfest garen. Abgießen und trocken tupfen. Die Butter zerlassen und die Zwiebel darin glasig dünsten. Vom Herd nehmen; Senf und Frischkäse hineinrühren. Abkühlen lassen. Sahne, Eier, Fleisch und Spargel untermischen; alles mit Salz und Pfeffer abschmecken. Die Mischung auf den Teig füllen. 50–60 Minuten backen, bis die Füllung gestockt ist. Vor dem Servieren 15 Minuten ruhen lassen.

Mehl und Butter zu Streuseln verarbeiten, dann das Eigelb dazugeben.

Den Spargel mit Küchenpapier trocken tupfen, damit die Quiche nicht verwässert.

NÄHRWERTE PRO PERSON ETWA
440 kcal; 15 g Eiweiß; 30 g Fett; 25 g Kohlenhydrate; 2 g Ballaststoffe; 190 mg Cholesterin

Hähnchen-Pfannkuchen-Lasagne mit Artischocken

VORBEREITUNGSZEIT: 30 MINUTEN | GARZEIT: 1 STUNDE | FÜR 4 PERSONEN

175 g Mehl
1 TL Backpulver
¼ TL Salz
2 Eier
300 ml Milch
90 g Butter, zerlassen, mehr zum Fetten
600 ml Hühnerbrühe
2 Eigelb, leicht verquirlt
250 g Sahne
1 TL Zitronensaft
300 g gegartes Hähnchenfleisch, gewürfelt
350 g Artischockenherzen (aus der Dose), abgegossen und in Streifen geschnitten
2 TL gehackte Petersilie
100 g geriebener Parmesan
Salz und Pfeffer aus der Mühle

1 125 g Mehl mit Backpulver und Salz in eine Schüssel sieben. In die Mitte eine Mulde drücken, Eier und Milch hineingeben; alles zu einem glatten Teig verrühren. Eine Pfanne erhitzen und mit Butter auspinseln. Aus dem Teig darin nacheinander 6 Pfannkuchen backen.

2 Butter in die Pfanne geben, das restliche Mehl einrühren und 2 Minuten anschwitzen. Vom Herd nehmen, die Brühe dazugießen und glatt rühren. Eigelbe und Sahne verquirlen und unter die Mehlschwitze schlagen, dann unter ständigem Rühren langsam aufkochen lassen. 30 Sekunden kochen lassen, bis die Sauce dick wird; vom Herd nehmen und mit dem Zitronensaft würzen. Mit Salz und Pfeffer abschmecken.

3 Den Backofen auf 200 °C vorheizen. Eine große Auflaufform fetten. 2 Pfannkuchen überlappend hineinlegen. Die Hälfte von Hähnchenfleisch und Artischocken darauf verteilen und ein Drittel der Sauce darübergießen. 2 Pfannkuchen darauflegen, diese wieder füllen und mit 3 Pfannkuchen bedecken. Die restliche Sauce auf den Pfannkuchen verstreichen, mit Parmesan bestreuen und die Lasagne im Ofen 30–35 Minuten backen.

NÄHRWERTE PRO PERSON ETWA
850 kcal; 40 g Eiweiß; 60 g Fett; 37 g Kohlenhydrate; 4 g Ballaststoffe; 305 mg Cholesterin

Pro Pfannkuchen eine Schöpfkelle Teig in die Pfanne geben.

Zwei Pfannkuchen in die Form legen, die Hälfte von Hähnchen und Artischocken darauf verteilen.

Hähnchenrollbraten

VORBEREITUNGSZEIT: 40 MINUTEN | GARZEIT: 1 STUNDE 45 MINUTEN | FÜR 8 PERSONEN

1 Hähnchen (1,6 kg)
2 rote Paprikaschoten
1 kg Mangold
30 g Butter
1 Zwiebel, fein gewürfelt
1 Knoblauchzehe, zerdrückt
50 g geriebener Parmesan
80 g frische Brotkrumen
1 EL gehackter Oregano
200 g Ricotta
Salz und Pfeffer aus der Mühle

1 Das Hähnchen entbeinen (s. dazu auch Seite 249). Dazu Haut und Fleisch entlang der Wirbelsäule mit einem scharfen Messer bis zum Knochen einschneiden. An den Rippen entlang mit kurzen Schnitten (oder auch mit den Fingern) das Fleisch von den Knochen lösen, dabei immer darauf achten, dass die Haut nicht verletzt wird. Oberschenkel- und Flügelknochen am Brustkorb abschneiden. Den Brustkorb herausnehmen. An den Schenkeln mit der Messerspitze rundum das Fleisch vom Knochen lösen, bis man den Knochen am nächsten Gelenk abschneiden kann. Mit den Flügeln genauso verfahren, dann die Spitzen abschneiden. Nun hat man das Fleisch mit Haut in einem Stück, mit anhaftenden Unterschenkeln und Flügeln, vor sich liegen. Auch aus den Flügeln und Unterschenkeln das Fleisch von den Knochen schaben. Flügel und Unterschenkel nach innen stülpen und das Hähnchen mit der Haut nach unten flach auf eine Platte legen. In den Kühlschrank stellen.

2 Den Backofen auf 250 °C vorheizen. Die Paprikaschoten vierteln, von Samen und Trennwänden befreien. Die Paprikastücke mit der Haut nach oben unter den Grill legen, bis sie angekohlt sind. In einem Gefrierbeutel abkühlen lassen, dann die Haut abziehen. Die Backofentemperatur auf 200 °C senken.

3 Vom Mangold die Stiele abschneiden und die Blätter hacken. Die Butter in einer großen Pfanne zerlassen; Zwiebel und Knoblauch darin 5 Minuten dünsten. Den Mangold unter Rühren mitbraten, bis er zusammengefallen und alle Flüssigkeit verdampft ist. Die Mangoldmischung mit Parmesan, Brotkrumen, Oregano und 100 g Ricotta in der Küchenmaschine pürieren. Mit Salz und Pfeffer abschmecken.

4 Die Mangoldmasse auf das Hähnchen streichen und die Paprikastücke darauflegen. Den restlichen Ricotta zu einer Rolle formen und diese quer auf die Paprika legen. Die Seiten des Hähnchens so darüberschlagen, dass sie sich leicht überlappen. Das Hähnchen aufrollen, mit Zahnstochern zusammenstecken und mit Küchengarn wie einen Rollbraten binden.

5 Ein großes Stück Alufolie fetten und das Hähnchen darauflegen. Fest in die Folie wickeln und die Enden gut verschließen. Das Hähnchen auf ein Backblech legen und im Ofen 1 Stunde 15 Minuten braten. Wenn man mit einem Spieß in die Mitte sticht und klarer Saft herausläuft, ist der Hächenrollbraten gar. Falls nötig, noch 15 Minuten weiterbraten. Abkühlen lassen und in den Kühlschrank legen. Wenn der Rollbraten durchgekühlt ist, Folie, Zahnstocher und Küchengarn entfernen. Den Braten in 1 cm dicke Scheiben schneiden.

NÄHRWERTE PRO PERSON ETWA
310 kcal; 40 g Eiweiß; 12 g Fett; 9 g Kohlenhydrate; 2 g Ballaststoffe; 105 mg Cholesterin

Mit einem scharfen Messer das Hähnchen an der Wirbelsäule tief einschneiden.

Das Hähnchen flach ausbreiten; mit der Mangoldmasse und Paprikaschoten belegen.

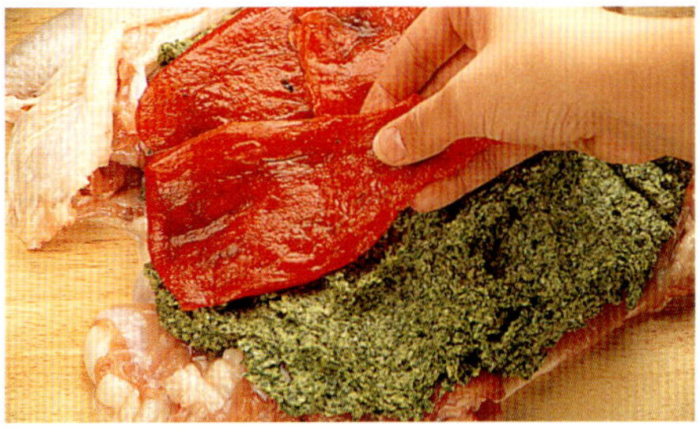

Das Hähnchen über der Füllung aufrollen und mit Zahnstochern verschließen.

Knoblauchhähnchen mit Gemüse

VORBEREITUNGSZEIT: 20 MINUTEN | GARZEIT: 1 STUNDE 15 MINUTEN | FÜR 4 PERSONEN

1,5 kg Hähnchenteile
300 g orangefleischige Süßkartoffeln, geschält und in Spalten geschnitten
300 g Kartoffeln, geschält und in Spalten geschnitten
300 g Kürbisfleisch, in Spalten geschnitten
60 ml Olivenöl
1 EL gehackter Thymian
20 Knoblauchzehen, ungeschält (siehe HINWEIS)
½ TL Meersalz

1 Den Backofen auf 220 °C vorheizen. Hähnchenteile und Gemüse auf ein Backblech oder in eine große ofenfeste Form verteilen und mit Öl beträufeln. Den Thymian und die Knoblauchzehen darüberbestreuen, dann alles mit Meersalz bestreuen.

2 Das Ganze im heißen Ofen 1 Stunde 15 Minuten backen. Dabei Gemüse und Hähnchenteile alle 20 Minuten wenden, bis alles schön braun und knusprig ist. Sofort servieren.

HINWEIS: *Die Knoblauchmenge erscheint sehr groß. Doch Knoblauch schmeckt, wenn er geröstet wurde, nicht mehr so intensiv, sondern eher mild und süß. Zum Essen die weichen Zehen aus den Häutchen drücken und über Hähnchen und Gemüse verteilen.*

Die Hähnchenteile und das Gemüse mit Öl beträufeln, dann mit Knoblauch und Thymian bestreuen.

Hähnchenteile und Gemüse alle 20 Minuten wenden, bis sie braun und knusprig sind.

NÄHRWERTE PRO PERSON ETWA
440 kcal; 35 g Eiweiß; 20 g Fett; 28 g Kohlenhydrate; 6 g Ballaststoffe; 95 mg Cholesterin

Hähnchenbrust mit Ofengemüse

VORBEREITUNGSZEIT: 30 MINUTEN | GARZEIT: 1 STUNDE 30 MINUTEN | FÜR 4 PERSONEN

1 rote Paprikaschote
1 Aubergine
3 Tomaten, geviertelt
200 g große Champignons, halbiert
1 Zwiebel, in Spalten geschnitten
Olivenöl zum Beträufeln und zum Braten
1½ EL Tomatenmark
125 ml Hühnerbrühe
60 ml Weißwein
4 dünne Scheiben Bacon (Frühstücksspeck)
4 Hähnchenbrustfilets
4 kleine Zweige Rosmarin

1 Den Backofen auf 200 °C vorheizen. Paprikaschote und Aubergine putzen und in mundgerechte Stücke schneiden. Mit Tomaten, Pilzen und Zwiebel in eine ofenfeste Form geben. Alles Gemüse mit Öl beträufeln und im Ofen 1 Stunde backen, bis es braun und weich ist. Zwischendurch einmal umrühren.

2 Tomatenmark mit Brühe und Wein verrühren. Diese Mischung zum Gemüse gießen, das Gemüse noch weiter 10 Minuten schmoren.

3 Jedes Hähnchenbrustfilet mit einer Speckscheibe Bacon umwickeln, die Enden mit einem Zahnstocher feststecken. Die Hähnchenfilets in einer beschichteten Pfanne in etwas Öl bei mittlerer Hitze rundum anbraten. In der geschlossenen Pfanne 10–15 Minuten weiterbraten, bis das Fleisch durchgebraten ist. Zahnstocher entfernen. Das Fleisch auf dem Gemüse anrichten und mit Sauce umgießen.

Tomatenmark mit Brühe und Wein verrühren und das Gemüse mit dieser Mischung begießen.

Eine Scheibe Speck quer um jedes Brustfilet wickeln und mit einem Zahnstocher feststecken.

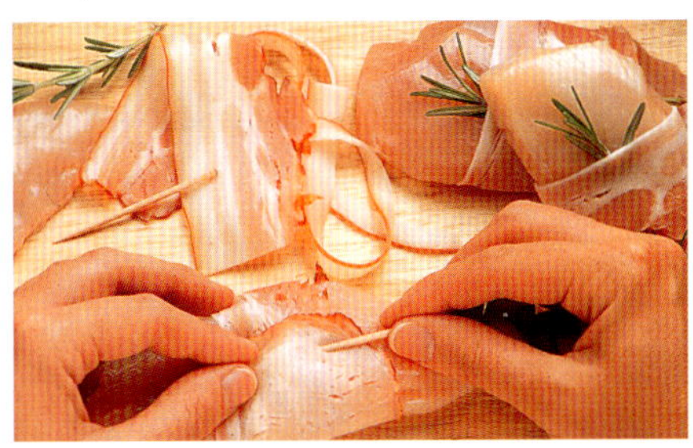

NÄHRWERTE PRO PERSON ETWA
230 kcal; 35 g Eiweiß; 5 g Fett; 8 g Kohlenhydrate; 5 g Ballaststoffe; 70 mg Cholesterin

Strudel mit Hähnchen, Zuckerschoten und Feta

VORBEREITUNGSZEIT: 40 MINUTEN | GARZEIT: 30 MINUTEN | FÜR 8 PERSONEN

200 g Zuckererbsen
1 EL Olivenöl
800 g Hähnchenfleisch (möglichst von Hähnchenschenkeln), in 1 cm dicke Streifen geschnitten
40 g Butter
2 EL Mehl
200 ml Hühnerbrühe
175 ml trockener Weißwein
1 EL körniger Senf
150 g Feta, in 1 cm große Würfel geschnitten
50 g getrocknete Tomaten, gehackt
24 Filoteigblätter
60 g Butter, zerlassen, zum Bestreichen
Sesamsamen und Sonnenblumenkerne zum Bestreuen

NÄHRWERTE PRO PERSON ETWA
410 kcal; 24 g Eiweiß; 20 g Fett; 20 g Kohlenhydrate; 2 g Ballaststoffe; 100 mg Cholesterin

1 Den Backofen auf 210 °C vorheizen. Von den Erbsen die Enden abschneiden; die Schoten für 1 Minute in kochendes Wasser geben. Abgießen und abtropfen lassen.

2 Das Öl in einer Pfanne erhitzen. Das Hähnchenfleisch darin portionsweise bei mittlerer Hitze rundum anbraten. Auf Küchenpapier entfetten.

3 Die Butter in der Pfanne zerlassen und das Mehl darin hell anschwitzen. Brühe, Wein und Senf dazugeben und alles glatt rühren. Die Sauce bei mittlerer Hitze unter ständigem Rühren etwas einkochen lassen, dann Hähnchenfleisch, Zuckererbsen, Feta und Tomaten untermischen. Vom Herd nehmen und abkühlen lassen.

4 Drei Filoteigblätter mit zerlassener Butter bestreichen und übereinanderlegen. Ein Achtel der Fleisch-Erbsen-Sauce auf ein Ende der Teigblätterschicht setzen. Die Seiten nach innen falten und den Teig von unten her aufrollen. Mit Butter bestreichen und mit der Naht nach unten auf ein gefettetes Backblech setzen. Mit den anderen Teigblättern, weiterer Butter und der restlichen Sauce acht weitere Päckchen vorbereiten. Alle mit der restlichen Butter bestreichen und mit Sesam und Sonnenblumenkernen bestreuen. Die Strudel im heißen Ofen 20 Minuten backen, bis sie goldbraun sind und die Füllung gar. Mit Blattsalat servieren.

Die Hähnchenfleischstreifen im heißen Öl rasch unter Wenden anbraten.

Eine Portion Füllung auf die Teigblätter setzen; diese anschließend zu einem Strudel aufrollen.

Hähnchen-Pie mit Koriander

VORBEREITUNGSZEIT: 40 MINUTEN | GARZEIT: 45 MINUTEN | FÜR 4 PERSONEN

50 g Butter
2 Zwiebeln, gewürfelt
100 g Champignons, in Scheiben geschnitten
250 g gekochtes Hähnchenfleisch, gewürfelt
4 hart gekochte Eier
1 EL Mehl
300 ml Hühnerbrühe
1 Eigelb
4 EL gehackte Korianderblätter
1 Rolle gekühlter Blätterteig (275 g)
1 Ei, leicht verquirlt, zum Bestreichen
Salz und Pfeffer aus der Mühle

1 Die Hälfte der Butter in einer großen Pfanne zerlassen. Die Zwiebeln mit den Pilzen darin in 5 Minuten glasig dünsten, dann das Fleisch hineinrühren. Die Hälfte der Pilzmischung in eine Pie-Form (20 cm Ø) füllen. Die Eier schälen und in Scheiben schneiden, die Scheiben auf die Pilzmischung legen. Die restliche Pilz-Mischung darauf verteilen.

2 Backofen auf 200 °C vorheizen. Die restliche Butter in einem Topf zerlassen, das Mehl darüberstreuen und 1 Minute anschwitzen. Nach und nach die Brühe unter Rühren dazugießen, aufkochen lassen, dann vom Herd nehmen. Eigelb und Koriander unter die weiße Sauce rühren; mit Salz und Pfeffer abschmecken. Die Sauce etwas abkühlen lassen, dann auf die Füllung in der Form gießen.

3 Den Blätterteig entrollen. Zu einem Quadrat, etwas größer als die Form, zuschneiden. Den Formrand mit Wasser benetzen, den Teig auf die Pie legen und fest an den Formrand drücken. Überstehenden Teig abschneiden; aus dem restlichen Teig eine lange Rolle formen. Diese in drei gleich lange Stücke schneiden und zu einem Zopf flechten. Die Teigoberfläche mit Ei bestreichen, den Rand der Pie mit dem Zopf verzieren; ebenfalls mit Ei bestreichen. Den Teigdeckel in der Mitte ein paar Mal einschneiden; die Pie 35 Minuten backen.

Die hart gekochten Eier mit einem Eierschneider in Scheiben schneiden; auf die Füllung legen.

Das Eigelb und die gehackten Korianderblätter in die heiße Béchamelsauce rühren.

NÄHRWERTE PRO PERSON ETWA

530 kcal; 25 g Eiweiß; 35 g Fett; 30 g Kohlenhydrate; 3 g Ballaststoffe; 385 mg Cholesterin

Marokkanische Hähnchenpastete

VORBEREITUNGSZEIT: 40 MINUTEN | GARZEIT: 40 MINUTEN | FÜR 4–6 PERSONEN

1 EL Olivenöl
1 rote Zwiebel, gewürfelt
2–3 Knoblauchzehen, gewürfelt
2 TL geriebener frischer Ingwer
1 TL gemahlene Kurkuma
1 TL gemahlener Kreuzkümmel
1 TL gemahlener Koriander
500 g gekochtes Hähnchenfleisch, zerkleinert
60 g Mandelblättchen, geröstet
1 Handvoll gehacktes Koriandergrün
4 EL gehackte Petersilie
1 TL abgeriebene unbehandelte Zitronenschale
2 EL Hühnerbrühe oder Wasser
1 Ei, leicht verquirlt
9 große Filoteigblätter
50 g Butter, zerlassen
1 TL Zimt-Zucker

1 Das Öl in einer großen Pfanne erhitzen. Die Zwiebel mit Knoblauch und Ingwer darin in 5 Minuten glasig braten. Die Gewürze hinzufügen; 1–2 Minuten mitbraten. Vom Herd nehmen. Hähnchenfleisch, Mandeln, Kräuter und Zitronenschale untermischen. 5 Minuten abkühlen lassen, dann Brühe und Ei unterrühren.

2 Den Backofen auf 180 °C vorheizen. Ein Backblech fetten. 6 Filoteigblätter in 30 cm große Quadrate schneiden; die Abschnitte aufheben. Die restlichen Teigblätter in je 3 gleiche Streifen schneiden; mit einem feuchten Küchentuch abdecken. Ein Teigblatt auf das Blech legen und mit zerlassener Butter bestreichen. Ein weiteres Blatt über Eck darauflegen, ebenfalls buttern. Die restlichen vier Teigblätter genauso darüberlegen (das Ganze sieht jetzt aus wie ein achtzackiger Stern). Die Hähnchenmischung auf die Mitte geben, dabei rundum einen 5 cm breiten Rand frei lassen. Die Teigecken über die Füllung schlagen; die Mitte unbedeckt lassen. Die Teigstreifen buttern, leicht zusammendrücken und auf die Pastete legen. Mit Zimt-Zucker bestreuen. Etwa 25 Minuten backen.

Die Teigecken über der Hähnchenfüllung nach innen schlagen.

Die Teigstreifen leicht zusammendrücken und rundum auf der Pastete platzieren.

NÄHRWERTE PRO PERSON (BEI 6) ETWA
360 kcal; 30 g Eiweiß; 20 g Fett; 15 g Kohlenhydrate; 2 g Ballaststoffe; 130 mg Cholesterin;

Hähnchenpasteten mit Gemüse

VORBEREITUNGSZEIT: 40 MINUTEN + 30 MINUTEN KÜHLZEIT | GARZEIT: 1 STUNDE 10 MINUTEN | FÜR 4 PERSONEN

300 g Hähnchenbrustfilet
1 Lorbeerblatt
500 ml Hühnerbrühe
2 große Kartoffeln, in Würfel geschnitten
250 g orangefleischige Süßkartoffeln, in Würfel geschnitten
2 Stangen Sellerie, in Würfel geschnitten
2 Möhren, in Würfel geschnitten
1 Pastinake, in Würfel geschnitten
1 Zwiebel, in Würfel geschnitten
1 Knoblauchzehe, zerdrückt
1 EL Speisestärke
250 ml Milch
150 g TK-Erbsen, aufgetaut
1 EL Schnittlauchröllchen
1 EL gehackte Petersilie
Salz und Pfeffer aus der Mühle

TEIG
180 g Mehl
1½ TL Backpulver
1 Messerspitze Salz
20 g Butter
80 ml Milch
1 Ei, leicht verquirlt
½ TL Sesamsamen

1 Hähnchenfleisch mit Lorbeerblatt und Brühe in einer großen beschichteten Pfanne bei schwacher Hitze 10 Minuten köcheln lassen. Die Hähnchenbrustfilets herausnehmen und abkühlen lassen. Kartoffeln, Süßkartoffeln, Sellerie und Möhren in die Pfanne geben; zugedeckt etwa 10 Minuten bei schwacher Hitze köcheln lassen. Mit einem Schaumlöffel herausheben. Das Hähnchenfleisch in kleine Stücke schneiden.

2 Pastinake, Zwiebel und Knoblauch in die Pfanne geben; offen bei schwacher Hitze in 10 Minuten weich garen. Das Lorbeerblatt herausnehmen und den Pfanneninhalt im Mixer pürieren.

3 Die Speisestärke in 2 EL Milch auflosen; mit der restlichen Milch unter die pürierte Flüssigkeit rühren. Alles in die Pfanne schütten und bei schwacher Hitze zu einer etwas dickeren Sauce kochen lassen. Den Backofen auf 200 °C vorheizen.

4 Die gegarten Kartoffeln und das gegarte Gemüse sowie Erbsen, Fleisch und Kräuter unter die Sauce mischen. Kräftig mit Salz und Pfeffer abschmecken. Die Mischung auf vier ofenfeste Formen (je 450 ml Inhalt) verteilen.

5 Für den Teig das Mehl mit Backpulver und Salz in eine Schüssel füllen. Die Butter mit Mehl zu Bröseln reiben. Milch und 80 ml Wasser dazugießen und alles zu einem weichen Teig verarbeiten. Den Teig auf einer leicht bemehlten Arbeitsfläche kurz verkneten, dann in vier Stücke teilen. Jedes Stück zu einem Kreis ausrollen, der etwa 1 cm größer als die Form ist.

6 Die Teigstücke an den Rändern mit Ei bepinseln, dann umgedreht auf die Formen legen und fest an den Rand drücken. Den Teig mit Ei bepinseln und mit Sesam bestreuen. Die Pasteten in etwa 30 Minuten goldgelb backen.

NÄHRWERTE PRO PERSON ETWA
490 kcal; 30 g Eiweiß; 10 g Fett; 65 g Kohlenhydrate; 10 g Ballaststoffe; 100 mg Cholesterin

Das Hähnchenfleisch mit Lorbeerblatt in der Hühnerbrühe garen.

So viel Flüssigkeit zu den trockenen Teigzutaten geben, bis ein weicher Teig entsteht.

Die Teigkreise am Rand mit Ei bestreichen, wenden und auf die Formen legen.

Brathähnchen mit Salbeifüllung

VORBEREITUNGSZEIT: 25 MINUTEN | GARZEIT: 1 STUNDE 40 MINUTEN | FÜR 4 PERSONEN

1 Hähnchen (1,5 kg)
30 g Butter, zerlassen
1 EL Mehl
Salz und Pfeffer aus der Mühle

FÜLLUNG
50 g Butter
1 Zwiebel, fein gewürfelt
1 Stange Sellerie, in dünnen Scheiben
150 g frische Weißbrotkrumen
Salz und ½ TL frisch gemahlener Pfeffer
10 große Salbeiblätter, zekleinert
4 TL gehackte Petersilie
2 Eiweiß, leicht verquirlt

1 Backofen auf 180 °C vorheizen. Hähnchen innen und außen trocken tupfen. Flügelspitzen unter das Hähnchen klappen.

2 Die Butter in einem Topf erhitzen. Zwiebel mit Sellerie darin in 3–4 Minuten glasig dünsten. Die Mischung in eine Schüssel geben; Brotkrumen, Salz, Pfeffer, Salbei, Petersilie und Eiweiße hinzufügen. Alles vermengen, bis eine ziemlich feuchte Masse entstanden ist.

3 Das Hähnchen mit der Salbeimasse füllen, mit Zahnstochern verschließen. Flügel und Schenkel mit Küchengarn zusammenbinden. Rundherum mit der zerlassenen Butter bestreichen und in die Fettpfanne legen. Im Ofen 1 Stunde 30 Minuten braten, dabei immer wieder mit Bratflüssigkeit beschöpfen. Für die Garprobe mit einem Spieß in die dicke Stelle eines Schenkels stechen: läuft klarer Saft heraus, ist das Hähnchen gar. Das Hähnchen auf eine Platte legen, zudecken und 10 Minuten ruhen lassen.

4 Inzwischen für die Sauce die Fettpfanne auf den Herd stellen. Mehl hineinstreuen, mit der Bratflüssigkeit verrühren. Unter Rühren aufkochen lassen. Falls die Sauce zu dick wird, noch etwas Brühe dazugeben. Salzen und pfeffern. Hähnchen mit Füllung und Sauce servieren.

Das Hähnchen gut verschließen und die Schenkel zusammenbinden.

Die Bratflüssigkeit im Blech mit Mehl bestäuben und aufkochen lassen.

NÄHRWERTE PRO PERSON ETWA
685 kcal; 70 g Eiweiß; 30 g Fett; 33 g Kohlenhydrate; 3 g Ballaststoffe; 255 mg Cholesterin

Frühlingshähnchen mit Honigglasur

VORBEREITUNGSZEIT: 15 MINUTEN | GARZEIT: 55 MINUTEN | FÜR 8–10 PERSONEN

2 Hähnchen (je 1,5 kg)
1 EL Olivenöl
Salz und Pfeffer aus der Mühle

HONIGGLASUR
90 g Honig
Saft und abgeriebene Schale von
1 unbehandelten Zitrone
1 EL gehackter Rosmarin
1 EL trockener Weißwein
1 EL Weißweinessig
2 TL Dijonsenf
1½ EL Olivenöl

1 Den Backofen auf 180 °C vorheizen. Die Hähnchen entlang der Wirbelsäule halbieren. Die Wirbelsäulen herausschneiden. Die Hähnchen vierteln, mit Öl bestreichen und mit Salz und Pfeffer bestreuen. Hähnchenteile mit den Hautseiten nach oben auf den Backofenrost legen, den Rost in die Fettpfanne setzen. Die Hähnchen 20 Minuten im Ofen braten.

2 Für die Glasur den Honig mit Zitronensaft, Zitronenschale, Rosmarin, Wein, Essig, Senf und Öl in einem kleinen Topf mischen. Aufkochen, dann bei schwacher Hitze etwa 5 Minuten köcheln lassen.

3 Die Hähnchenteile wenden und großzügig mit der Glasur bestreichen. 20 Minuten weiterbraten. Nochmal wenden, glasieren und weitere 15 Minuten braten.

Die Hähnchenhälften nochmals halbieren – am besten mit der Küchen- oder Geflügelschere.

Die Hähnchenteile auf einer Seite braten, dann wenden und mit der heißen Glasur bestreichen.

NÄHRWERTE PRO PERSON (BEI 8) ETWA
405 kcal; 70 g Eiweiß; 10 g Fett; 9 g Kohlenhydrate; 1 g Ballaststoffe; 150 mg Cholesterin

Hähnchen-Pie mit Salbei und Estragon

VORBEREITUNGSZEIT: 25 MINUTEN | GARZEIT: 1 STUNDE 10 MINUTEN | FÜR 4–6 PERSONEN

FÜLLUNG
2 EL Olivenöl
1,5 kg ausgelöste Hähnchenschenkel, in mundgerechte Stücke geschnitten
2 Scheiben Bacon (Frühstücksspeck), fein gewürfelt
1 Zwiebel, grob gewürfelt
4 Salbeiblätter, gehackt
1 EL gehackter Estragon
45 g Butter, zerlassen
2 EL Mehl
125 ml Milch
225 g Maiskörner, püriert
Salz und Pfeffer aus der Mühle

1 Rolle gekühlter Blätterteig (275 g)
1 Ei, leicht verquirlt

NÄHRWERTE PRO PERSON (BEI 6) ETWA
755 kcal; 66 g Eiweiß; 40 g Fett; 34 g Kohlenhydrate; 3 g Ballaststoffe; 215 mg Cholesterin

1 Den Backofen auf 210 °C vorheizen. Eine Pie-Form (24 cm Ø) fetten. Das Öl in einer großen Pfanne erhitzen. Hähnchenfleisch mit Bacon und Zwiebel darin bei mittlerer Hitze in 5 Minuten kräftig anbraten. Salbei, Estragon und 250 ml Wasser mit etwas Salz und Pfeffer dazugeben. Aufkochen und bei schwacher Hitze zugedeckt 25 Minuten köcheln lassen. Abgießen, den Sud aufbewahren.

2 Die Butter in einer großen Kasserolle erhitzen. Mehl darüberstreuen und anschwitzen. Die Milch und den Hähnchensud nach und nach unter Rühren dazugießen. Die Sauce bei mittlerer Hitze unter weiterem Rühren eindicken lassen. Die Hähnchenmischung und das Maispüree unter die Sauce mischen; das Ganze in die Form füllen.

3 Den Blätterteig entrollen. In Formgröße zuschneiden. Den Rand der Pie-Form mit Ei bestreichen, den Teig auf die Füllung legen und am Rand festdrücken. Überstehenden Teig abschneiden.

4 Den Teigdeckel mit Teigresten dekorieren. Mit Ei bestreichen und in die Mitte ein paar Schlitze schneiden. Die Pie im Ofen 15 Minuten backen, dann die Ofentemperatur auf 180 °C reduzieren und 10–15 Minuten weiterbacken, bis sie goldbraun und knusprig ist. Vor dem Anschneiden 5 Minuten abkühlen lassen.

Salbei und Estragon mit Wasser mit Salz und Pfeffer zur Hähnchenmischung geben.

Die Hähnchenmischung und das Maispüree unter die weiße Sauce rühren.

Strudel mit Hähnchen und Brunnenkresse

VORBEREITUNGSZEIT: 30 MINUTEN | GARZEIT: 50 MINUTEN | FÜR 6 PERSONEN

60 g frische Weißbrotkrumen
1–2 TL Sesamsamen
60 g Brunnenkresse (ersatzweise Blattspinat), verlesen
4 Hähnchenbrustfilets
25 g Butter
250 g Sahne
3 EL Dijonsenf
15 Blatt Filoteig
100 g Butter, zerlassen
Salz und Pfeffer aus der Mühle

1 Backofen auf 190 °C vorheizen. Brotkrumen und Sesamsamen separat in einer trockenen Pfanne goldbraun rösten. Brunnenkresse über heißem Wasser in einem Dämpfkorb in 3–5 Minuten zusammenfallen lassen. Ausdrücken.

2 Das Hähnchenfleisch in dünne Streifen schneiden. Die Butter in einer Pfanne erhitzen und das Fleisch darin anbraten. Herausnehmen; mit Salz und Pfeffer bestreuen. Sahne mit Senf in die Pfanne rühren; bei schwacher Hitze auf 125 ml einkochen lassen. Vom Herd nehmen; Hähnchenfleisch und Kresse untermischen.

3 Ein Teigblatt mit zerlassener Butter bepinseln und mit Brotkrumen bestreuen. Ein weiteres Teigblatt darauflegen, ebenfalls buttern und mit Brotkrumen bestreuen. Auf diese Weise alle Teigblätter aufeinanderlegen.

4 Die Hähnchenfüllung auf die Mitte der geschichteten Teigblätter verteilen. Die Teigseiten darüberschlagen und den Teig von unten her aufrollen. Den Strudel mit der Naht nach unten auf ein Backblech legen. Mit der restlichen Butter bestreichen und mit den Sesamsamen bestreuen. Im heißen Ofen in 30 Minuten goldbraun backen. Den Strudel etwas abkühlen lassen und servieren.

Die Brunnenkresse über heißem Dampf zusammenfallen lassen, dann gut ausdrücken.

Die Teigblätter an den Seiten nach innen falten und von unten her aufrollen.

NÄHRWERTE PRO PERSON ETWA
795 kcal; 25 g Eiweiß; 65 g Fett; 30 g Kohlenhydrate; 2 g Ballaststoffe; 235 mg Cholesterin

Hähnchenragout mit Kräuterscones

VORBEREITUNGSZEIT: 25 MINUTEN | GARZEIT: 35 MINUTEN | FÜR 6 STÜCK

60 g weiche Butter, mehr zum Fetten
1 Zwiebel, gewürfelt
40 g Mehl
675 ml Milch
125 g geriebener Käse (z. B. Emmentaler oder mittelalter Gouda)
2 TL körniger Senf
450 g gegartes Hähnchenfleisch, gewürfelt
200 g TK-Mischgemüse

SCONES
250 g Mehl
1 TL Backpulver
15 g Butter
250 ml Milch
2 EL gehackte Petersilie
1 EL Milch zum Bestreichen

1 Den Backofen auf 210 °C vorheizen. Sechs ofenfeste Förmchen (je 250 ml Inhalt) leicht fetten. Die Butter in einer großen Pfanne erhitzen. Die Zwiebel darin bei mittlerer Hitze glasig dünsten. Das Mehl darüberstreuen und anschwitzen. Die Milch unter Rühren nach und nach dazugießen; köcheln lassen, bis die Sauce eindickt. Käse, Senf, Hähnchenfleisch und Gemüse in die Sauce mischen. Das Ragout auf die Förmchen verteilen.

2 Für die Scones das Mehl mit dem Backpulver mischen. Die Butter mit der Mehlmischung verreiben, bis Streusel entstehen, dann Milch und Petersilie hinzufügen und alles zu einem weichen Teig verkneten.

3 Den Teig auf einer leicht bemehlten Arbeitsfläche zu einer Kugel formen und 2,5 cm dick ausrollen. 18 Kreise von je 4,5 cm Ø ausstechen. Auf jede Ragoutportion 3 Teigkreise legen; mit Milch bestreichen. Die Förmchen auf den Backrost stellen und die Ragouts im Ofen 25 Minuten backen, bis die Scones schön gebräunt sind.

Käse, Senf, Hähnchenfleisch und Gemüse unter die helle Sauce mischen.

Jeweils drei Scones auf eine Ragoutportion im Förmchen setzen.

NÄHRWERTE PRO STÜCK ETWA
395 kcal; 17 g Eiweiß; 30 g Fett; 14 g Kohlenhydrate; 1 g Ballaststoffe; 95 mg Cholesterin

Hähnchencurry-Pie

VORBEREITUNGSZEIT: 45 MINUTEN + 25 MINUTEN KÜHLZEIT | GARZEIT: 1 STUNDE | FÜR 6 PERSONEN

TEIG
250 g Mehl
1 TL gemahlene Kurkuma
1 TL gemahlener Kreuzkümmel
125 g Butter, gewürfelt
1 Ei, leicht verquirlt

1 gegartes Hähnchen
40 g Butter
1 Zwiebel, gewürfelt
2 EL Currypulver
1 TL Kreuzkümmelsamen
1 EL Mehl
375 ml Hühnerbrühe
125 g Sahne
1 EL Mangochutney
200 g Süßkartoffel, gewürfelt und gekocht
Milch zum Bestreichen
Salz und Pfeffer aus der Mühle

1 Für den Teig Mehl, Kurkuma, Kreuzkümmel und Butter in der Küchenmaschine in etwa 15 Sekunden zu Streuseln mischen. Ei und 2–3 EL Wasser unterarbeiten. Die Masse auf einer bemehlten Arbeitsfläche zu einem glatten Teig verkneten. In Frischhaltefolie wickeln und 20 Minuten kühl stellen.

2 Das Hähnchen häuten. Das Fleisch von den Knochen zupfen und in mundgerechte Stücke schneiden. Die Butter in einer hohen Pfanne erhitzen und die Zwiebel darin glasig dünsten. Currypulver und Kreuzkümmel dazustreuen und 1 Minute mitdünsten.

3 Das Mehl darüberstreuen und kurz anschwitzen. Die Brühe nach und nach unter Rühren dazugießen, es sollen keine Klümpchen entstehen. Unter weiterem Rühren aufkochen, dann köcheln lassen, bis die Sauce eindickt. Sahne, Mangochutney, Süßkartoffel und Hähnchenfleisch in die Sauce rühren. 5 Minuten köcheln lassen lassen, dann mit Salz und Pfeffer abschmecken. Vom Herd nehmen und vollständig abkühlen lassen.

4 Den Backofen auf 190 °C vorheizen. Den Teig halbieren; eine Hälfte auf einer bemehlten Arbeitsfläche so groß ausrollen, um eine Pie-Form (24 cm Ø) damit auszukleiden. Die Form auskleiden und das Hähnchenragout hineinfüllen. Den Teigrand mit Wasser bepinseln.

5 Die zweite Teighälfte in Formgröße ausrollen und auf die Form legen. Die Ränder zusammendrücken. Überstehenden Teig abschneiden, ausrollen und in dekorative Formen schneiden, diese auf einer Seite mit Milch bestreichen und dekorativ auf die Pie setzen.

6 Die Pie mit Milch bestreichen und im Ofen in 40 Minuten goldbraun backen.

NÄHRWERTE PRO PERSON ETWA
710 kcal; 30 g Eiweiß; 50 g Fett; 40 g Kohlenhydrate; 5 g Ballaststoffe; 240 mg Cholesterin

Das Ei und so viel Wasser zu den Teigstreuseln geben, bis die Masse zusammenhält.

Das Hähnchenfleisch in mundgerechte Stücke schneiden.

Die Hähnchencurry-Mischung in die mit Teig ausgekleidete Form füllen.

Stubenküken im Salzteig

VORBEREITUNGSZEIT: 40 MINUTEN + 30 MINUTEN KÜHLZEIT | GARZEIT: 1 STUNDE 35 MINUTEN | FÜR 4 PERSONEN

4 Stubenküken (je 400 g)

2 EL Olivenöl
1 EL Sojasauce
2 EL Orangensaft
1 EL Zucker
750 g Mehl
1 kg grobes Meersalz
4 dünne Streifen unbehandelte Orangenschale
4 Sternanis

1 Die Küken trocken tupfen und in eine Schale legen. Das Öl mit Sojasauce, Orangensaft und Zucker mischen; die Küken mit der Mischung bepinseln. Die Schale zudecken und die Küken 30 Minuten im Kühlschrank durchziehen lassen. Den Backofen auf 240 °C vorheizen.

2 Mehl und Salz in einer großen Schüssel mischen. In die Mitte eine Mulde drücken und 600 ml Wasser auf einmal hineingießen. Alles mit den Händen zusammenkneten und auf einer bemehlten Arbeitsfläche zu einem glatten Teig verkneten.

3 Den Teig in vier gleich große Stücke teilen. Jedes Stück so groß ausrollen, dass man ein Küken darin einwickeln kann. Vier Blatt Alufolie fetten, die Küken darauflegen. In jedes Küken 1 Stück Orangenschale und 1 Sternanis legen. Die Küken fest in die Folie wickeln und mit der Brust nach unten auf die Teigstücke legen.

4 Küken in die Teigstücke wickeln. Den Teig fest zusammendrücken, damit nirgends eine Öffnung bleibt. Die Teigpäckchen (Küken darin mit den Brustseiten nach unten) auf ein Backblech legen und im Ofen 1 Stunde 15 Minuten backen. Herausnehmen; den Teigmantel aufklopfen und wegwerfen. Küken aus der Folie wickeln und servieren.

Ein Stück Orangenschale und ein Sternanis in das Hähnchen legen.

Jedes Hähnchen so in den Teig wickeln, dass es vollständig davon umhüllt ist.

NÄHRWERTE PRO PERSON ETWA
385 kcal; 51 g Eiweiß; 20 g Fett; 6 g Kohlenhydrate; 0 g Ballaststoffe; 175 mg Cholesterin

Geräuchertes Fünf-Gewürz-Hähnchen

VORBEREITUNGSZEIT: 40 MINUTEN + 12 STUNDEN MARINIERZEIT | GARZEIT: 50 MINUTEN | FÜR 6 PERSONEN

1 Hähnchen (1,7 kg)
60 ml Sojasauce
1 EL geriebener frischer Ingwer
2 Stück getrocknete Mandarinenschale (Asienladen; siehe auch TIPP Seite 111)
1 Sternanis
¼ TL Fünf-Gewürz-Pulver
45 g brauner Zucker

1 Das Hähnchen trocken tupfen und in eine hitzebeständige Schale legen; Sojasauce mit Ingwer mischen und darübergießen. Hähnchen zugedeckt mehrere Stunden oder über Nacht im Kühlschrank durchziehen lassen; öfter wenden.

2 Ein Gitter in einen Topf, in den die Schale mit dem Hähnchen passt, klemmen. Wasser bis zum Gitter in den Topf gießen. Die Schale mit dem Hähnchen darin auf das Gitter stellen und das Wasser aufkochen lassen. Den Topf nicht ganz zudecken, das Hähnchen bei mittlerer Hitze 15 Minuten dämpfen. Vom Herd nehmen und zugedeckt 15 Minuten ruhen lassen. Das Hähnchen in eine Schüssel legen.

3 Den Topf auswaschen und mit 3–4 Lagen Alufolie auslegen. Mandarinenschale und Sternanis im Mörser fein zerstoßen. Fünf-Gewürz-Pulver und Zucker dazugeben; in den Topf streuen.

4 Das Gitter wieder in den Topf klemmen, das Hähnchen darauflegen. Den Topf mittelstark erhitzen; sobald die Gewürze zu rauchen beginnen, den Topf nicht ganz zudecken. Das Hähnchen bei schwacher Hitze 20 Minuten räuchern. Zur Garprobe in einen Schenkel stechen. Läuft klarer Saft heraus, ist das Hähnchen gar. Hähnchen herausnehmen und etwas ruhen lassen, dann tranchieren.

TIPP: *Wer kein passendes Gitter hat, kann die Schale mit dem Hähnchen auch auf eine große Tasse stellen.*

Die Mandarinenschale und den Sternanis im Mörser fein zerstoßen.

Den Topf mit Folie auslegen und die Gewürze hineinstreuen.

NÄHRWERTE PRO PERSON ETWA
270 kcal; 46 g Eiweiß; 5 g Fett; 10 g Kohlenhydrate; 0 g Ballaststoffe; 100 mg Cholesterin

Hähnchen mit scharfer Hackfleischfüllung

VORBEREITUNGSZEIT: 30 MINUTEN + 30 MINUTEN KÜHLZEIT | GARZEIT: 1 STUNDE 25 MINUTEN | FÜR 6 PERSONEN

3 kleine getrocknete Chilischoten
1 TL Fenchelsamen
1 TL Kreuzkümmelsamen
1 TL Koriandersamen
⅛ TL Salz
1 Hähnchen (1,5 kg)
2 Knoblauchzehen, zerdrückt
1 EL Erdnussöl
2 Zwiebeln, gewürfelt
250 g Schweinehackfleisch
80 g Erdnusskerne, geröstet und grob gehackt
60 ml Limettensaft
1 EL gehackte Minze
2 EL gehacktes Koriandergrün
1 TL Öl zum Bestreichen
125 ml Kokosmilch

NÄHRWERTE PRO PERSON ETWA
405 kcal; 52 g Eiweiß; 20 g Fett; 5 g Kohlenhydrate; 2 g Ballaststoffe; 105 mg Cholesterin

1 Den Backofen auf 180 °C vorheizen. Chilis mit Gewürzsamen und Salz im Blitzhacker oder im Mörser fein zerkleinern.

2 Das Hähnchen trocken tupfen; außen und innen mit dem Knoblauch einreiben.

3 Das Öl im Wok erhitzen; die Zwiebeln darin bei mittlerer Hitze 5 Minuten braten. Hackfleisch dazugeben und in 10 Minuten braun braten. Vom Herd nehmen. Erdnüsse, Limettensaft, Minze und Koriandergrün untermischen. Leicht abkühlen lassen, dann die Fleischmasse in das Hähnchen füllen. Das Hähnchen mit Zahnstochern verschließen, die Schenkel zusammenbinden und die Flügelspitzen unter das Hähnchen schlagen.

4 Hähnchen mit Öl bestreichen und mit der Gewürzmischung einreiben. Den Backofenrost auf die Fettpfanne setzen und das Hähnchen auf den Rost legen; in den Ofen schieben und 30 Minuten braten. Herausnehmen. Bratflüssigkeit mit Kokosmilch verrühren; das Hähnchen mit dieser Mischung bepinseln und noch 40 Minuten braten, immer wieder mit der Kokosmischung bepinseln. Es ist gar, wenn beim Hineinstechen in einen Schenkel klarer Saft herausläuft. Das Hähnchen 5 Minuten ruhen lassen. Mit Füllung servieren.

Chilis mit Fenchel-, Kreuzkümmel- und Koriandersamen sowie Salz fein zerstoßen.

Die abgekühlte Fleischmasse in das Hähnchen füllen.

Das Hähnchen mit den Händen mit der Gewürzmischung einreiben.

Brathähnchen auf indonesische Art

VORBEREITUNGSZEIT: 20 MINUTEN | GARZEIT: 1 STUNDE | FÜR 4–6 PERSONEN

1 Hähnchen (1,5 kg)
3 TL gehackte rote und grüne Chilischoten
3 Knoblauchzehen, geschält
2 TL getrocknete grüne Pfefferkörner, zerdrückt
2 TL brauner Zucker
2 EL Sojasauce
2 TL gemahlene Kurkuma
1 EL Limettensaft
30 g kalte Butter, gewürfelt

1 Den Backofen auf 180 °C vorheizen. Das Hähnchen entlang der Wirbelsäule durchschneiden und flach drücken. Die Flügelspitzen unter die Flügel schlagen, damit sie nicht verbrennen. Den Backofenrost auf die Fettpfanne setzen, das Hähnchen mit der Haut nach oben auf den Rost legen und 30 Minuten im heißen Ofen backen.

2 Inzwischen Chilis und Knoblauch mit den Pfefferkörnern und dem Zucker im Blitzhacker oder Mörser zu einer glatten Paste verarbeiten. Sojasauce, Kurkuma und Limettensaft dazugeben und in kurzen Intervallen unterarbeiten.

3 Das Hähnchen mit der Gewürzpaste bestreichen und mit Butterstückchen belegen, dann weitere 25–30 Minuten backen. Es ist gar, wenn man in einen Schenkel sticht und klarer Saft herausläuft. Das Hähnchen warm oder mit Raumtemperatur servieren. Limettenschnitze und frische Kräuter dazu anrichten.

Chilis und Knoblauch mit Pfefferkörnern und Zucker im Blitzhacker zu einer Paste verarbeiten.

Das Hähnchen mit der Gewürzpaste bestreichen, dann im Ofen braten.

NÄHRWERTE PRO PERSON ETWA
235 kcal; 38 g Eiweiß; 8 g Fett; 2 g Kohlenhydrate; 0 g Ballaststoffe; 95 mg Cholesterin

Würziges Grillhähnchen

VORBEREITUNGSZEIT: 15 MINUTEN + 4 STUNDEN MARINIERZEIT | GARZEIT: 20 MINUTEN | FÜR 4 PERSONEN

2 kleine Hähnchen (je 750 g) oder 1 kg Hähnchenunterschenkel (Drumsticks)
2 EL Malzessig oder Zitronensaft
1½ TL Chilipulver
1½ TL edelsüßes Paprikapulver
2 TL gemahlener Koriander
1 TL Garam Masala
1 EL geriebener frischer Ingwer
1 EL zerdrückter Knoblauch
80 g Joghurt
3 EL Ghee (geklärte Butter) oder Butterschmalz, zerlassen
Salz

1 Die Hähnchen trocken tupfen. Den Essig mit den Gewürzen sowie Ingwer, Knoblauch und Salz verrühren, den Joghurt untermischen.

2 Mit der Küchen- oder Geflügelschere die Wirbelsäulen aus den Hähnchen schneiden. Die Hähnchen wenden und flach drücken. Die Haut mehrmals mit einem Messer einritzen. Die Hähnchen auf ein Backblech legen und gut mit der Marinade bestreichen, diese dabei in die Haut reiben. Zudecken und 4 Stunden kalt stellen.

3 Das Backblech mit den Hähnchen unter den kalten Backofegrill legen. Mit Ghee oder Butterschmalz bestreichen. Unter dem mäßig heißen Grill etwa 20 Minuten grillen, bis die Hähnchen gar sind. Zwischendurch wenden und immer wieder mit Marinade bestreichen. Mit Fladenbrot und Limettenspalten servieren.

VARIANTE: *Besonders gut schmecken die Hähnchen, wenn man sie auf dem heißen Holzkohlegrill gart.*

TIPP: *Um Fett zu sparen, können Sie vor dem Garen die Haut von den Hähnchen entfernen.*

Essig mit Gewürzen, Ingwer, Knoblauch, Salz und Joghurt verrühren.

Mit der Küchen- oder Geflügelschere die Wirbelsäule aus den Hähnchen schneiden.

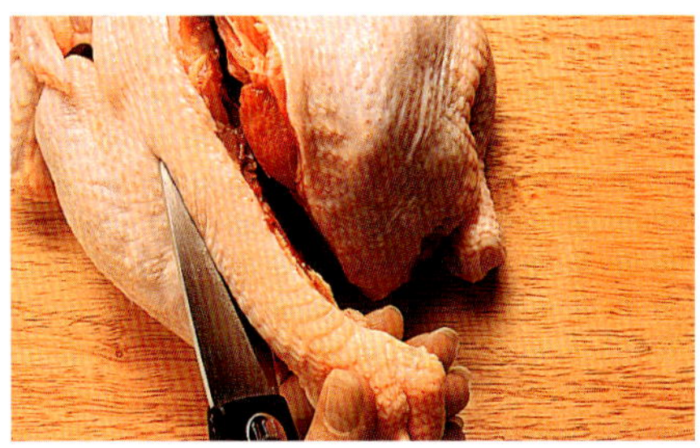

NÄHRWERTE PRO PERSON ETWA
480 kcal; 72 g Eiweiß; 20 g Fett; 2 g Kohlenhydrate; 0 g Ballaststoffe; 195 mg Cholesterin

Hähnchen-Lauch-Pie

VORBEREITUNGSZEIT: 20 MINUTEN | GARZEIT: 40 MINUTEN | FÜR 4 PERSONEN

50 g Butter
2 große Stangen Lauch, in dünne Ringe geschnitten
4 Frühlingszwiebeln, in Streifen geschnitten
1 Knoblauchzehe, zerdrückt
30 g Mehl
375 ml Hühnerbrühe
125 g Sahne
Fleisch von 1 gegarten Hähnchen, in Würfel geschnitten
1 Rolle gekühlter Blätterteig (275 g)
60 ml Milch

NÄHRWERTE PRO PERSON ETWA
740 kcal; 25 g Eiweiß; 55 g Fett; 40 g Kohlenhydrate; 3 g Ballaststoffe; 185 mg Cholesterin

1 Den Backofen auf 200 °C vorheizen. Die Butter in einer Pfanne zerlassen; Lauch und Frühlingszwiebeln darin bei mittlerer Hitze 6 Minuten dünsten, das Mehl darüberstäuben und anschwitzen. Die Brühe unter Rühren langsam dazugießen, aufkochen, dann köcheln lassen, bis die Sauce eindickt.

2 Die Sahne einrühren und das Hähnchenfleisch dazugeben. Die Hähnchen-Lauch-Mischung in eine Pie-Form (20 cm Ø) füllen und beiseitestellen.

3 Aus dem Blätterteig einen Kreis in Formgröße ausschneiden. Den Rand der Form mit Milch bepinseln. Die Teigplatte auf die Form legen und am Rand andrücken. Überstehenden Teig abschneiden und mit einen Gabel entlang des Rands ein Muster eindrücken. Den restlichen Teig in 1 cm breite Streifen schneiden und zu Schnecken aufrollen, diese von der Mitte aus auf der Pie verteilen. Zwischen die Schnecken ein paar Löcher stechen, damit der Dampf entweichen kann. Die Pie dünn mit Milch bestreichen. Im heißen Ofen 20–25 Minuten backen, bis die Oberfläche braun und knusprig ist.

TIPP: *Die Füllung reicht auch für 4 kleine Pies. Die Hähnchen-Lauch-Füllung dafür in vier ofenfeste Formen (je 300 ml Inhalt) füllen und wie oben beschrieben fertigstellen. Die Backzeit beträgt nur etwa 15 Minuten.*

Die Teigränder fest andrücken; überstehenden Teig mit einem scharfen Messer abschneiden.

Die Teigstreifen zu Schnecken aufrollen und auf die Pie setzen.

Hähnchentopf mit Windbeuteln

VORBEREITUNGSZEIT: 30 MINUTEN | GARZEIT: 50 MINUTEN | FÜR 6 PERSONEN

60 g Butter
1 rote Zwiebel, gewürfelt
1–2 Knoblauchzehen, zerdrückt
3 Scheiben Frühstücksspeck, gewürfelt
30 g Mehl
375 ml Milch, 125 g Sahne
2 TL körniger Senf
250 g gegartes Hähnchenfleisch, gewürfelt
1 Handvoll gehackte Petersilie
geriebener Parmesan zum Bestreuen
Salz und Pfeffer aus der Mühle

BRANDTEIG
60 g Butter, in Stückchen
60 g Mehl
2 Eier, leicht verquirlt
35 g geriebener Parmesan

1 Butter zerlassen. Zwiebel, Knoblauch, Speck darin 5–7 Minuten braten. Mit Mehl bestreuen; anschwitzen. Die Milch unter Rühren dazugießen, aufkochen und köcheln lassen, bis die Sauce eingedickt ist. Sahne und Senf unterrühren. Fleisch und Kräuter dazugeben. Salzen, pfeffern.

2 Für den Teig die Butter in 125 ml Wasser in einem Topf schmelzen lassen; aufkochen. Mehl auf einmal hineinschütten; 2 Minuten kräftig rühren, bis sich der Teig als Kugel vom Topfboden löst und sich ein weißer Belag auf dem Topfboden bildet. Vom Herd nehmen; Teig 5 Minuten abkühlen lassen, dann ein Ei nach dem anderen mit den Knethaken des Handrührgeräts unterrühren, bis die Teigmasse geschmeidig ist und seidig glänzt. Parmesan unterrühren.

3 Backofen auf 210 °C vorheizen. Eine hohe ofenfeste Form (24 cm Ø) fetten, Hähnchensauce hineinfüllen. Gehäufte Esslöffel voll Teig rundum auf die Füllung setzen. Zuerst 10 Minuten backen, dann bei 180 °C 20 Minuten weiterbacken, bis die Windbeutel aufgegangen und goldbraun sind. Mit Parmesan bestreuen.

Knoblauch, Zwiebel und Speck unter Rühren braten; sie sollen nicht zu braun werden.

Die Teigmasse mit einem Holzlöffel schlagen, bis sie sich vom Topfboden löst.

NÄHRWERTE PRO PERSON ETWA
480 kcal; 25 g Eiweiß; 35 g Fett; 15 g Kohlenhydrate; 1 g Ballaststoffe; 215 mg Cholesterin

Hähnchenkoteletts mit Feigen und Zitronen

VORBEREITUNGSZEIT: 30 MINUTEN | GARZEIT: 50 MINUTEN | FÜR 6 PERSONEN

1 unbehandelte Zitrone
½ TL Ingwerpulver
½ TL Garam Masala
1 EL Sojasauce
2 EL Olivenöl
4 große Hähnchenoberschenkel, am Knochen aufgeschnitten und aufgeklappt
125 ml Weißwein
60 ml Zitronensaft
2 Würfel Instant-Hühnerbrühe, zerbröckelt
6 getrocknete Feigen, halbiert
2 TL dünne Scheiben kandierter Ingwer

1 Den Backofen auf 180 °C vorheizen. Die Zitrone dünn abschälen und die Schale in lange, feine Streifen schneiden. Die Schalenstreifen mit etwas Wasser in einen kleinen Topf geben; aufkochen und 2 Minuten kochen lassen. Schale abgießen und beiseitestellen.

2 Ingwer, Garam Masala und Sojasauce mischen. Die Hähnchenteile mit dieser Würzmischung einreiben.

3 Das Öl in einer großen Pfanne erhitzen. Die Hähnchenteile darin bei mittlerer Hitze auf jeder Seite 5 Minuten braten. Sie sollen schön braun, aber noch nicht ganz gar sein. Die Hähnchen auf Küchenpapier entfetten und in eine ofenfeste Form legen.

4 Weißwein, Zitronensaft, Brühewürfel und übrige Marinade in die Pfanne geben. Alles aufkochen lassen. Feigen und kandierten Ingwer hinzufügen. Die Weinmischung über die Hähnchenkoteletts in der Form verteilen. Die Koteletts im Ofen 20 Minuten backen, dabei immer wieder wenden. Mit der Zitronenschale bestreuen und servieren.

Die Schale von der Zitrone dünn abschälen, dann in feine Streifen schneiden.

Feigen und kandierte Ingwerscheiben in die kochende Weinmischung geben.

NÄHRWERTE PRO PERSON ETWA
245 kcal; 20 g Eiweiß; 12 g Fett; 7 g Kohlenhydrate; 2 g Ballaststoffe; 45 mg Cholesterin

Schmor- und Eintopfgerichte

Hähnchentopf mit Gemüse

VORBEREITUNGSZEIT: 20 MINUTEN + 30 MINUTEN MARINIERZEIT | GARZEIT: 25 MINUTEN | FÜR 4 PERSONEN

6 getrocknete Mu-Err-Pilze
500 g ausgelöste Hähnchenkeulen ohne Haut
1 EL Sojasauce
1 EL trockener Sherry
2 dünne Stangen Lauch, in Ringe geschnitten
5 cm frischer Ingwer, fein gehackt
250 g orangefleischige Süßkartoffeln, in Scheiben geschnitten
2 EL Erdnussöl
125 ml Hühnerbrühe
1 TL Sesamöl
3 TL Speisestärke

1 Die Pilze mit kochend heißem Wasser bedecken und 30 Minuten quellen lassen. Hähnchenfleisch trocken tupfen und in kleine Stücke schneiden. In einer Schüssel mit Sojasauce und Sherry mischen, zudecken und 30 Minuten im Kühlschrank marinieren lassen.

2 Pilze abgießen und ausdrücken. Die Stiele abschneiden und wegwerfen, die Hüte in Streifen schneiden.

3 Das Hähnchenfleisch abtropfen lassen, die Marinade aufheben. 1 EL Erdnussöl im Wok oder in einer hohen Pfanne erhitzen und durch Schwenken verteilen. Die Hähnchenstücke darin portionsweise anbraten und in eine Kasserolle geben.

4 Das restliche Erdnussöl (1 EL) im Wok erhitzen. Lauch und Ingwer darin 1 Minute pfannenrühren. Pilze, Marinade, Brühe und Sesamöl dazugeben. Die Mischung in die Kasserolle füllen, die Süßkartoffeln hinzufügen und alles zugedeckt bei ganz schwacher Hitze 20 Minuten schmoren. Die Speisestärke in etwas Wasser auflösen. Zur Fleischmischung gießen; aufkochen und kochen lassen, bis die Mischung eindickt. Mit Reis servieren.

NÄHRWERTE PRO PERSON ETWA
305 kcal; 30 g Eiweiß; 15 g Fett; 13 g Kohlenhydrate; 3 g Ballaststoffe; 60 mg Cholesterin

Den Lauch gründlich waschen, putzen und in dünne Ringe schneiden.

Das marinierte Hähnchenfleisch rundum unter Rühren anbraten.

Pilze, Marinade, Brühe und Sesamöl zum Lauch in den Wok geben.

Philippinischer Hähnchentopf

VORBEREITUNGSZEIT: 20 MINUTEN + 2 STUNDEN MARINIERZEIT | GARZEIT: 1 STUNDE | FÜR 6 PERSONEN

1,5 kg Hähnchenteile
6 Knoblauchzehen, zerdrückt
250 ml Apfelessig
375 ml Hühnerbrühe
1 Lorbeerblatt
1 TL Korianderkörner
1 TL schwarze Pfefferkörner
60 ml Sojasauce
1 TL Annattosamen oder ¼ TL Paprikapulver und ⅛ TL gemahlene Kurkuma
2 TL Öl

1 Die Hähnchenteile mit allen angegebenen Zutaten, bis auf das Öl, in einer großen Schüssel mischen. Zudecken und die Hähnchenteile 2 Stunden im Kühlschrank durchziehen lassen. Anschließend die Marinade mit den Hähnchenteilen in eine Pfanne geben; bei starker Hitze aufkochen, dann bei schwacher Hitze zugedeckt 30 Minuten köcheln lassen. Offen weitere 10 Minuten kochen, bis das Fleisch gar ist. Hähnchenteile herausnehmen und beiseitestellen. Die Sauce aufkochen und bei starker Hitze auf die Hälfte einkochen lassen.

2 Das Öl im Wok oder in einer Pfanne erhitzen und die Hähnchenteile darin portionsweise bei mittlerer Hitze knusprig braten. Die Sauce über die Hähnchenteile gießen und das Gericht mit Reis servieren.

NÄHRWERTE PRO PERSON ETWA
255 kcal; 38 g Eiweiß; 10 g Fett; 1 g Kohlenhydrate; 1 g Ballaststoffe; 85 mg Cholesterin

Die Hähnchenteile in der Marinade wenden und zugedeckt für 2 Stunden kalt stellen.

Nachdem die Hähnchenteile aus der Sauce genommen wurden, diese auf die Hälfte einkochen lassen.

Die Hähnchenteile im heißen Fett portionsweise knusprig und goldbraun braten.

Geschmortes Hähnchen mit Kichererbsen

VORBEREITUNGSZEIT: 35 MINUTEN | GARZEIT: 1 STUNDE 35 MINUTEN | FÜR 4 PERSONEN

50 g Butter
1 Zwiebel, grob gewürfelt
3 Knoblauchzehen, zerdrückt
1 Möhre, fein gewürfelt
½ Stange Sellerie, fein gewürfelt
1,5 kg fleischige Hähnchenteile (8 Stück)
80 ml trockener Marsala
250 ml Hühnerbrühe
2 EL Zitronensaft
40 g frische Brotkrumen
300 g Kichererbsen (aus der Dose), abgegossen und abgespült
200 g Champignons (aus der Dose), abgegossen und in Scheiben geschnitten
2 EL gehackte Minze
2 EL gehackte glatte Petersilie
Salz und Pfeffer aus der Mühle

1 Die Hälfte der Butter in einem großen Topf erhitzen. Die Zwiebel darin bei mittlerer Hitze glasig dünsten. Knoblauch, Möhre und Sellerie hinzufügen und bei schwacher Hitze 5 Minuten mitdünsten. Herausnehmen; beiseitestellen.

2 Restliche Butter in der Pfanne erhitzen und die Hähnchenteile darin portionsweise bei starker Hitze anbraten. Das gesamte Fleisch und die Gemüsemischung in die Pfanne geben. Marsala dazugießen und unterrühren, dabei den Bratsatz mit dem Kochlöffel vom Pfannenboden lösen. Brühe und Zitronensaft dazugießen; alles aufkochen lassen, dann bei schwacher Hitze 1 Stunde unter gelegentlichem Rühren schmoren.

3 Die Hähnchenteile aus der Pfanne nehmen und warm halten. Den Pfanneninhalt in der Küchenmaschine pürieren. Die Brotkrumen dazugeben und alles noch einmal kurz pürieren.

4 Hähnchenteile wieder in die Pfanne geben. Die Sauce, Kichererbsen und Pilze hinzufügen und alles zugedeckt 15 Minuten köcheln lassen. Salzen, pfeffern; mit den Kräutern bestreuen.

NÄHRWERTE PRO PERSON ETWA
930 kcal; 120 g Eiweiß; 30 g Fett; 50 g Kohlenhydrate; 15 g Ballaststoffe; 260 mg Cholesterin

Marsala über Fleisch und Gemüse gießen und unterrühren.

Die frischen Brotkrumen zur pürierten Sauce geben; alles noch einmal pürieren.

Hähnchentopf mit Orangen

VORBEREITUNGSZEIT: 50 MINUTEN | GARZEIT: 1 STUNDE 40 MINUTEN | FÜR 4–6 PERSONEN

2 kleine Hähnchen
1 EL Olivenöl
2 dicke Scheiben Bacon (Frühstücksspeck), ohne Schwarte, in dünne Streifen geschnitten
50 g Butter
16 sehr kleine Zwiebeln, geschält
2–3 Knoblauchzehen, zerdrückt
3 TL geriebener frischer Ingwer
2 TL abgeriebene unbehandelte Orangenschale
2 TL gemahlener Kreuzkümmel
2 TL gemahlener Koriander
2 TL Honig
250 ml frisch gepresster Orangensaft
250 ml trockener Weißwein
125 ml Hühner- oder Gemüsebrühe
350 g junge Möhrchen
1 große Pastinake, geschält

NÄHRWERTE PRO PERSON (BEI 6) ETWA
395 kcal; 42 g Eiweiß; 12 g Fett; 22 g Kohlenhydrate; 2 g Ballaststoffe; 135 mg Cholesterin

1 Mit der Küchen- oder Geflügelschere die Hähnchen in je 8 Stücke schneiden, dabei die Wirbelsäulen entfernen. Größere Fettstücke abschneiden und wegwerfen. Nach Belieben die Haut entfernen.

2 Etwa 1 TL Öl in einem Schmortopf erhitzen. Den Bacon darin bei mittlerer Hitze in 2–3 Minuten knusprig braten. Herausnehmen und auf Küchenpapier entfetten. Restliches Öl und die Hälfte der Butter in den Topf geben. Zwiebeln darin unter gelegentlichem Rühren goldbraun braten. Herausnehmen und beiseitestellen. Die Hähnchenteile in der Pfanne bei mittlerer Hitze portionsweise anbraten. Herausnehmen und auf Küchenpapier entfetten.

3 Die restliche Butter in die Pfanne geben. Knoblauch, Ingwer, Orangenschale, Kreuzkümmel, Koriander und Honig darin 1 Minute unter Rühren braten. Orangensaft, Wein und Brühe in den Topf gießen. Aufkochen und bei schwacher Hitze köcheln lassen. Hähnchenteile hineinlegen und zugedeckt bei schwacher Hitze 40 Minuten schmoren. Zwiebeln und Bacon hinzufügen und zugedeckt weitere 15 Minuten, dann offen noch 15 Minuten garen.

4 Die Möhren putzen (etwas vom Grün stehen lassen), waschen und, falls nötig, schälen. Die Pastinake in kleine Stücke schneiden. Beides in den Topf zum Fleisch geben, zudecken und 5–10 Minuten kochen, bis das Gemüse gerade weich wird. Zum Servieren 2–3 Hähnchenteile auf jeden Teller legen, das Gemüse rundherum verteilen und alles mit etwas Sauce begießen.

Jedes Hähnchen mit der Küchen- oder Geflügelschere in acht Stücke schneiden.

Orangensaft, Weißwein und Brühe in den Topf gießen und alles aufkochen.

Die gebratenen Zwiebeln und den Bacon in den Topf geben.

Hähnchenbrustfilets mit Pilzen

VORBEREITUNGSZEIT: 20 MINUTEN | GARZEIT: 50 MINUTEN | FÜR 6 PERSONEN

2 EL Olivenöl
400 g Champignons, halbiert
1 kleine rote Paprikaschote, in Streifen geschnitten
4 Hähnchenbrustfilets, in mundgerechte Stücke geschnitten
2 EL Mehl
250 ml Hühnerbrühe
125 ml Rotwein
3 Frühlingszwiebeln, in Ringe geschnitten
300 g Sahne
1 EL Schnittlauchröllchen
1 EL gehackte Petersilie, mehr zum Bestreuen
¼ TL gemahlene Kurkuma
Salz und frisch gemahlener Pfeffer

1 Das Olivenöl in einem großen Topf erhitzen. Die Champignons und die Paprikaschote darin bei mittlerer Hitze 4 Minuten braten. Herausnehmen; beiseitestellen.

2 Das Hähnchenfleisch portionsweise in den Topf geben und bei mittlerer Hitze anbraten. Mit dem Mehl bestäuben, dieses 2 Minuten anschwitzen. Brühe und Wein dazugießen; aufkochen lassen. Zugedeckt 10 Minuten köcheln lassen, bis das Fleisch gar ist.

3 Frühlingszwiebeln und Sahne hinzufügen, alles aufkochen und bei schwacher Hitze in 10–15 Minuten einkochen lassen. Pilze, Paprika, Schnittlauch, Petersilie und Kurkuma unterrühren. Mit Salz und Pfeffer abschmecken und 5 Minuten weiterkochen. Mit Petersilie bestreuen und servieren.

Möglichst große Champignons verwenden; mit einem feuchten Tuch abreiben und klein schneiden.

Pilze, Paprika, Schnittlauch, Petersilie und Kurkuma in den Topf geben.

NÄHRWERTE PRO PERSON ETWA
495 kcal; 40 g Eiweiß; 33 g Fett; 7 g Kohlenhydrate; 2 g Ballaststoffe; 150 mg Cholesterin

Hähnchentopf mit Aprikosen

VORBEREITUNGSZEIT: 10 MINUTEN | GARZEIT: 1 STUNDE | FÜR 6 PERSONEN

6 Hähnchenkoteletts (am Knochen aufgeschnittene Hähnchenoberschenkel)
425 ml Aprikosensaft
1 Packung Zwiebelsuppenpulver (Fertigprodukt)
1 Dose Aprikosen (425 ml)
60 g Sour Cream oder saure Sahne

1 Den Backofen auf 180 °C vorheizen. Von den Hähnchenteilen die Haut entfernen. Die Teile in eine ofenfeste Form legen. Aprikosen durch ein Sieb abgießen, den Saft auffangen, mit dem Suppenpulver mischen und über das Fleisch gießen.

2 Alles zugedeckt im heißen Ofen 50 Minuten schmoren. Die Aprikosen dazugeben und alles noch 5 Minuten weiterschmoren. Zum Schluss Sour Cream oder saure Sahne unterrühren. Das Gericht mit Stampfkartoffeln oder Reis servieren, um die Sauce auftunken zu können.

NÄHRWERTE PRO PERSON ETWA
185 kcal; 23 g Eiweiß; 6 g Fett; 10 g Kohlenhydrate; 0 g Ballaststoffe; 65 mg Cholesterin

Den Aprikosensaft zum Zwiebelsuppenpulver gießen und alles gut verrühren.

Aprikosen zu den Hähnchenkoteletts in die Form geben; alles zusammen noch 5 Minuten schmoren.

Hähnchen auf mediterrane Art

VORBEREITUNGSZEIT: 30 MINUTEN | GARZEIT: 1 STUNDE 10 MINUTEN | FÜR 4 PERSONEN

8 Hähnchenkoteletts (aufgeschnittene Hähnchenoberschenkel)
2 EL Olivenöl
150 g Schalotten, geschält
4 Knoblauchzehen, geschält
125 ml Weißwein
1 Dose gehackte Tomaten (400 g)
12 Kalamata-Oliven oder andere schwarze Oliven
1 EL Rotweinessig
2 TL Tomatenmark
1 EL Oregano
1 EL gehacktes Basilikum
1 TL Zucker
4 Scheiben roher Schinken
1 TL abgeriebene unbehandelte Zitronenschale
1 Handvoll Petersilie, gehackt
1 EL Kapern, abgespült
Salz und Pfeffer aus der Mühle

NÄHRWERTE PRO PERSON ETWA
570 kcal; 75 g Eiweiß, 25 g Fett; 15 g Kohlenhydrate; 8 g Ballaststoffe; 155 mg Cholesterin

1 Den Backofen auf 180 °C vorheizen. Haut und sichtbares Fett von den Hähnchenkoteletts entfernen. 1 EL Öl in einer großen Pfanne erhitzen und das Fleisch darin bei starker Hitze 3–4 Minuten rundherum anbraten. Die Hähnchenteile in eine große ofenfeste Form mit einem fest schließenden Deckel schichten.

2 Das restliche Öl (1 EL) in der Pfanne erhitzen. Die ganzen Schalotten und Knoblauchzehen darin bei mittlerer Hitze in 4 Minuten braten; sie sollen weich, aber nicht braun werden. Wein dazugießen und aufkochen lassen.

3 Tomaten, Oliven, Essig, Tomatenmark, Kräuter und Zucker unter Rühren in die Pfanne geben. Die Sauce mit Salz und schwarzem Pfeffer würzen und 2 Minuten unter Rühren köcheln lassen. Über die Hähnchenteile in die Form gießen und zudecken. Das Ganze im Ofen 45 Minuten schmoren.

4 Inzwischen den Schinken in der Pfanne auf beiden Seiten in 3 Minuten ohne Fettzugabe knusprig braten. In größere Stücke brechen; beiseitelegen.

5 Die Form aus dem Ofen nehmen, die Hähnchenteile auf einen Teller legen und zugedeckt warm halten. Die Form auf den Herd stellen und die Sauce in 5 Minuten unter gelegentlichem Rühren einkochen lassen. Die Hähnchenteile wieder hinzufügen. Das Gericht mit Zitronenschale, Petersilie und Kapern bestreuen. Die Schinkenstücke darauf verteilen.

Schalotten und Knoblauch in der Pfanne braten, dann den Weißwein dazugießen.

Die Schinkenscheiben nebeneinander in der Pfanne knusprig braten.

Hähnchen auf persische Art

VORBEREITUNGSZEIT: 20 MINUTEN | GARZEIT: 1 STUNDE | FÜR 6 PERSONEN

1,5 kg Hähnchenoberschenkel
60 g Mehl
2 EL Olivenöl
1 große Zwiebel, gewürfelt
2 Knoblauchzehen, gewürfelt
¼ TL gemahlener Zimt
500 ml kräftige Hühnerbrühe
4 reife Tomaten, gewürfelt
6 Datteln, halbiert und entsteint
2 EL Korinthen
2 TL abgeriebene unbehandelte Zitronenschale
80 g Mandeln, geröstet und grob gehackt
2 EL gehackte Petersilie

1 Die Hähnchenschenkel bemehlen, überschüssiges Mehl abschütteln (siehe TIPP). Das Öl in einer großen Pfanne bei mittlerer Hitze heiß werden lassen. Die Hähnchenteile darin rundherum anbraten, dabei immer wieder wenden, dann herausnehmen. Restliches Öl aus der Pfanne gießen.

2 Zwiebel, Knoblauch und Zimt in die Pfanne geben und 5 Minuten unter Rühren anbraten.

3 Die Brühe mit Tomaten, Datteln und Korinthen hinzufügen und aufkochen lassen. Die Hähnchenteile hineinlegen, mit der Sauce bedecken und bei schwacher Hitze offen 30 Minuten köcheln lassen. Zitronenschale unterrühren. Die Sauce in 5 Minuten etwas einkochen lassen. Das Gericht mit Mandeln und Petersilie bestreuen und mit Reis servieren.

TIPPS: *Auch Hähnchenunterschenkel (Drumsticks) können für dieses Gericht verwendet werden. Um die Hähnchenteile zu bemehlen, diese mit dem Mehl in einen Gefrierbeutel geben. Den Beutel verschließen und gut schütteln.*

Die Hähnchenteile in einem Gefrierbeutel mit Mehl umhüllen; überschüssiges Mehl abschütteln.

Die Hähnchenschenkel beim Braten immer wieder wenden, damit sie gleichmäßig bräunen.

NÄHRWERTE PRO PERSON ETWA
380 kcal; 42 g Eiweiß; 16 g Fett; 17 g Kohlenhydrate; 4 g Ballaststoffe; 85 mg Cholesterin

Knoblauchhähnchen mit Gewürzen

VORBEREITUNGSZEIT: 30 MINUTEN | GARZEIT: 1 STUNDE | FÜR 4–6 PERSONEN

1 Hähnchen (1,4 kg)
1 Handvoll Korianderblätter und -wurzeln
2 EL Olivenöl
4 Knoblauchzehen, zerdrückt
2 rote Zwiebeln, in dünne Ringe geschnitten
1 große rote Paprikaschote, in Stücke geschnitten
1 TL Ingwerpulver
1 TL Chilipulver
1 TL Kümmelsamen, zerstoßen
1 TL gemahlene Kurkuma
2 TL gemahlener Koriander
2 TL gemahlener Kreuzkümmel
60 g Rosinen
90 g schwarze Oliven
1 TL abgeriebene unbehandelte Zitronenschale

1 Das Hähnchen von Haut und sichtbarem Fett befreien, dann in 12 Stücke schneiden. Die Korianderwurzeln fein hacken, die Blätter beiseitelegen.

2 Das Öl in einem Schmortopf erhitzen. Knoblauch, Zwiebel und Paprika sowie alle Gewürze und die Korianderwurzeln hinzufügen; bei mittlerer Hitze 10 Minuten unter Rühren braten.

3 Die Hahnchenteile in den Topf geben und in der Würzmischung wenden. 375 ml Wasser dazugießen und aufkochen lassen. Bei schwacher Hitze zugedeckt 45 Minuten schmoren.

4 Anschließend Rosinen, Oliven und Zitronenschale untermischen und alles noch 5 Minuten kochen lassen. Mit Brot und beispielsweise grünen Bohnen servieren. Mit den Korianderblättern bestreuen.

Vom frischen Koriander die Wurzeln fein hacken, die Blätter beiseitelegen.

Rosinen, Oliven und Zitronenschale unter das geschmorte Gericht im Topf mischen.

NÄHRWERTE PRO PERSON (BEI 6) ETWA
295 kcal; 33 g Eiweiß; 13 g Fett; 13 g Kohlenhydrate; 2 g Ballaststoffe; 105 mg Cholesterin

Vietnamesischer Hähnchentopf mit Nudeln

VORBEREITUNGSZEIT: 40 MINUTEN | GARZEIT: 30 MINUTEN | FÜR 4 PERSONEN

1 Stängel Zitronengras, nur das Weiße
4 Kaffirlimettenblätter
1 l Hühnerbrühe
400 ml Kokosmilch
30 g Kokosmilchpulver
2 EL Erdnussöl
400 g Hähnchenbrustfilets, in Streifen geschnitten
12 rohe Riesengarnelen, geschält und entdarmt
8 Frühlingszwiebeln, in Ringe geschnitten
2 TL fein gehackter frischer Ingwer
4 Knoblauchzehen, fein gewürfelt
2 kleine rote Chilischoten, entkernt und fein gehackt
500 g chinesische Eiernudeln
1 TL Garnelenpaste
2 EL Limettensaft
100 g Mungobohnensprossen
Minze- und Korianderblätter zum Garnieren

1 Das Zitronengras bis zum lila Streifen am Ende schälen und fein hacken. Aus den Kaffirlimettenblättern die dicken Blattrippen aus der Mitte entfernen, die Blätter fein zerkleinern.

2 Zitronengras und Kaffirlimettenblätter in einen großen Topf legen. Brühe, Kokosmilch und Kokospulver dazugeben. Unter ständigem Rühren aufkochen lassen, bis sich das Kokosmilchpulver aufgelöst hat, dann bei schwacher Hitze 15 Minuten köcheln lassen.

3 Den Wok stark erhitzen, das Erdnussöl hineingeben. Hähnchenfleisch, Garnelen, Frühlingszwiebeln, Ingwer, Knoblauch und Chilischoten 5–10 Minuten unter Rühren im heißen Öl braten; Hähnchen und Garnelen sollen jetzt gar sein.

4 Die Nudeln in die köchelnde Kokosmilch geben, dann die Mischung aus dem Wok hinzufügen. Garnelenpaste und Limettensaft unterrühren. Nudeln nach Packungsangabe garen.

5 Die Sprossen auf vorgewärmte tiefe Teller verteilen. Nudeln, Hähnchenfleisch und Garnelen darauf anrichten. Die Kokossauce darüberschöpfen und alles mit Kräutern bestreuen. Sofort servieren.

NÄHRWERTE PRO PERSON ETWA
515 kcal; 40 g Eiweiß; 35 g Fett; 10 g Kohlenhydrate; 4 g Ballaststoffe; 135 mg Cholesterin

Den weißen Teil vom Zitronengras mit einem schweren Küchenmesser fein hacken.

Hähnchenfleisch, Garnelen, Frühlingszwiebeln, Ingwer, Knoblauch und Chili unter Rühren braten.

Die Reisnudeln in der heißen Kokosmilch nach Packungsangabe garen

Hähnchen mit Frühlingszwiebelsauce

VORBEREITUNGSZEIT: 5 MINUTEN | GARZEIT: 1 STUNDE + 1 STUNDE KÜHLZEIT | FÜR 6 PERSONEN

1 Hähnchen (1,8 kg)
3 Scheiben frischer Ingwer
1½ TL Salz
Eiswasser (siehe TIPP)

FRÜHLINGSZWIEBELSAUCE
2 EL Öl
3 Frühlingszwiebeln, in dünne Streifen geschnitten
1 EL Sojasauce

1 Größere Fettstücke und den Bürzel vom Hähnchen abschneiden. Das Hähnchen in einem großen Topf mit Wasser bedecken. Die Ingwerscheiben und Salz hinzufügen, alles aufkochen und zugedeckt 20 Minuten köcheln lassen.

2 Den Topf vom Herd nehmen und zugedeckt für 35 Minuten beiseitestellen. Anschließend das Hähnchen herausheben und gut abtropfen lassen. Sofort in eine große Schüssel mit Eiswasser tauchen. Dadurch wird der Garprozess beendet, die Haut zieht sich zusammen und der Fleischsaft kann nicht auslaufen. Das Hähnchen für 1 Stunde in den Kühlschrank stellen.

3 Kurz vor dem Servieren das Hähnchen aus dem Kühlschrank nehmen, abtropfen lassen und in Stücke schneiden.

4 Für die Sauce das Öl im Wok erhitzen, Frühlingszwiebeln kurz darin unter Rühren braten. Sojasauce untermischen. Das kalte Fleisch in tiefen Tellern anrichten und mit der Sauce beträufeln.

TIPP: *Dieses Rezept ist wunderbar geeignet, um übrig gebliebenes kaltes gegartes Hähnchenfleisch zu verwerten. Auf diese Weise zubereitet, bleibt das Fleisch schön zart und saftig, weil sich durch das schnelle Abkühlen in Eiswasser die Hautporen sofort schließen.*

Das gegarte Hähnchen sofort in eine große Schüssel mit Eiswasser legen, damit es nicht weitergart.

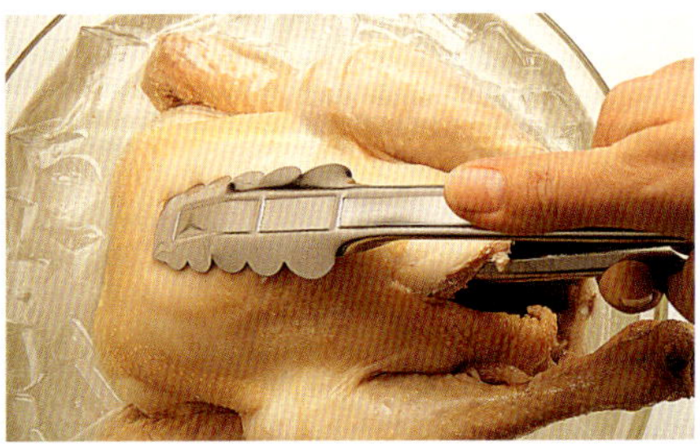

Das Hähnchen durch die Knochen in Stücke schneiden.

NÄHRWERTE PRO PERSON ETWA
300 kcal; 50 g Eiweiß; 11 g Fett; 1 g Kohlenhydrate; 0 g Ballaststoffe; 110 mg Cholesterin

Hähnchen mit jungem Gemüse

VORBEREITUNGSZEIT: 45 MINUTEN | GARZEIT: 2 STUNDEN | FÜR 4 PERSONEN

1 Hähnchen, in 8 Stücke geteilt (etwa 1,5 kg)
60 g Ghee oder Butterschmalz
12 kleine Zwiebeln
250 g trockener Weißwein
250 ml Hühnerbrühe
250 g Sahne
12 junge Möhren
16 Zuckererbsen
16 grüne Spargelspitzen
12 kleine Champignons
1 EL Schnittlauchröllchen
Salz und Pfeffer aus der Mühle

1 Die Hähnchenteile mit Salz und Pfeffer würzen. Die Hälfte von Ghee oder Butterschmalz in einer Pfanne erhitzen, die Hähnchenteile darin portionsweise 2–3 Minuten pro Seite anbraten. In eine ofenfeste Form legen und die Zwiebeln dazugeben. Den Backofen auf 200 °C vorheizen.

2 Den Wein in die Pfanne gießen, dabei die Bratrückstände vom Pfannenboden losschaben. Die Brühe dazugießen und die Sahne mit dem Schneebesen hineinrühren. Alles aufkochen und bei schwacher Hitze 20 Minuten köcheln lassen. Die Sauce über die Hähnchenteile gießen. Die Form schließen und die Hähnchenteile im Ofen 1 Stunde 10 Minuten schmoren.

3 Inzwischen Salzwasser in einem Topf aufkochen lassen. Das Gemüse darin jeweils separat bissfest garen, herausheben und in Eiswasser abschrecken; abtropfen lassen und beiseitelegen.

4 Das restliche Fett in der Pfanne erhitzen und die Champignons darin 2–3 Minuten unter Rühren braten.

5 Pilze und Gemüse auf dem Fleisch in der Form verteilen und alles noch 20 Minuten schmoren. Fett abschöpfen; alles in der Form vorsichtig mischen und mit Schnittlauch bestreuen.

Die gewürzten Hähnchenteile in der Hälfte des Fettes anbraten.

Das blanchierte Gemüse in Eiswasser legen, um den Garprozess zu stoppen.

NÄHRWERTE PRO PERSON ETWA
965 kcal; 95 g Eiweiß; 50 g Fett; 15 g Kohlenhydrate; 4 g Ballaststoffe; 350 mg Cholesterin

Hähnchen auf mallorquinische Art

VORBEREITUNGSZEIT: 30 MINUTEN | GARZEIT: 1 STUNDE 10 MINUTEN | FÜR 4 PERSONEN

1 rote Paprikaschote, geviertelt
2 EL Olivenöl
30 g Butter
1,5 kg Hähnchenteile
1 unbehandelte Orange
1 rote Zwiebel, in dünne Streifen geschnitten
2 Knoblauchzehen, gewürfelt
200 ml Hühnerbrühe
125 ml trockener Weißwein
1 EL Mehl
12 gefüllte grüne Oliven
Salz und Pfeffer aus der Mühle

NÄHRWERTE PRO PERSON ETWA
645 kcal; 90 g Eiweiß; 25 g Fett; 10 g Kohlenhydrate; 4 g Ballaststoffe; 205 mg Cholesterin

1 Die Paprikaschote unter dem heißen Backofengrill mit der Haut nach oben 8 Minuten grillen, bis die Haut angekohlt ist und Blasen wirft. Herausnehmen, in einen Gefrierbeutel legen und abkühlen lassen.

2 Den Backofen auf 180 °C vorheizen. Öl und Butter in einer großen Pfanne erhitzen. Die Hähnchenteile darin portionsweise bei starker Hitze anbraten; in eine ofenfeste Form legen.

3 Von der Orange 2 große Streifen Schale abschneiden. Anschließend die Orange sorgfältig schälen und quer in Scheiben schneiden.

4 Zwiebel und Knoblauch in der Pfanne bei mittlerer Hitze 3 Minuten braten. Brühe und Wein mischen. Das Mehl in die Pfanne streuen, unter Rühren langsam die Flüssigkeit dazugießen und aufkochen lassen. Orangenschale unterrühren. Die Sauce über das Fleisch gießen. Die Form schließen und das Gericht im Ofen 1 Stunde schmoren. Währenddessen die Paprika schälen und in Streifen schneiden.

5 Das Gericht aus dem Ofen nehmen und zugedeckt warm stellen. Die Sauce entfetten und auf dem Herd 5 Minuten kochen, bis sie leicht eindickt. Paprika, Orangenscheiben und Oliven untermischen. Vor dem Servieren die Orangenschale herausfischen und das Gericht mit Salz und Pfeffer abschmecken.

Von der Orange 2 Streifen Schale abschneiden. Orange dick schälen, quer in Scheiben schneiden.

Die Paprikaschote mit der Haut nach oben grillen, bis die Haut schwarz wird und Blasen wirft.

Paprikastreifen, Orangenscheiben, Oliven und Petersilie in die Sauce rühren.

Huhn mit Tomaten, Pilzen und Oliven

VORBEREITUNGSZEIT: 45 MINUTEN | GARZEIT: 1 STUNDE 20 MINUTEN | FÜR 4 PERSONEN

4 Tomaten
1,5 kg Hähnchenteile
40 g Butter
1 EL Öl
1 große Zwiebel, gewürfelt
1 kleine grüne Paprikaschote, klein geschnitten
150 g Champignons, in dicke Scheiben geschnitten
1 EL Mehl
250 ml trockener Weißwein
1 EL Weißweinessig
2 EL Tomatenmark
100 g kleine schwarze Oliven
4 EL gehackte Petersilie
Salu und Pfeffer aus der Mühle

1 Die Tomaten am runden Ende kreuzweise einritzen, für 30 Sekunden in kochendes Wasser legen, herausnehmen und kalt abschrecken. Die Haut abziehen. Tomaten halbieren, entkernen und würfeln. Backofen auf 180 °C vorheizen.

2 Von den Hähnchenteilen größere Fettstücke abschneiden. 20 g Butter und Öl in einer großen ofenfesten Form erhitzen, die Hähnchenteile darin bei starker Hitze in zwei Portionen rundum bräunen und herausnehmen.

3 Restliche Butter in der Form erhitzen. Zwiebel und Knoblauch darin 2–3 Minuten braten. Paprika und Pilze dazugeben und 3 Minuten unter Rühren mitbraten. Wein, Essig, Tomaten und Tomatenmark unterrühren und in 2 Minuten leicht einkochen lassen. Die Hähnchenteile dazugeben und mit Sauce bedecken. Alles im Ofen 1 Stunde schmoren. Oliven und Petersilie untermischen. Mit Salz und Pfeffer abschmecken und mit Nudeln servieren.

Die überbrühten Tomaten aus dem Wasser heben und die Haut abziehen.

Die Tomaten halbieren und mit einem Teelöffel die Kerne herausschaben.

NÄHRWERTE PRO PERSON ETWA
400 kcal; 55 g Eiweiß; 15 g Fett; 10 g Kohlenhydrate; 5 g Ballaststoffe; 125 mg Cholesterin

Paprikahähnchen

VORBEREITUNGSZEIT: 25 MINUTEN | GARZEIT: 45 MINUTEN | FÜR 4–6 PERSONEN

600 g ausgelöste Hähnchenoberschenkel, ohne Haut
60 g Mehl
2 EL Öl
2 Zwiebeln, gewürfelt
1–2 Knoblauchzehen, zerdrückt
2 EL edelsüßes Paprikapulver
125 ml Rotwein
1 EL Tomatenmark
1 Dose gehackte Tomaten (400 g)
200 g Champignons
125 ml Hühnerbrühe
80 g Sour Cream oder saure Sahne
Salz und Pfeffer aus der Mühle

1 Das Hähnchenfleisch von Fett und Sehnen befreien und in 3 cm große Stücke schneiden. Mehl mit Salz und Pfeffer mischen, Fleisch darin wälzen und abschütteln. Mehl aufheben. Die Hälfte des Öls in einer großen schweren Pfanne erhitzen und das Hähnchenfleisch darin in kleinen Portionen bei starker Hitze anbraten. Auf Küchenpapier abtropfen lassen.

2 Das restliche Öl in der Pfanne erhitzen, Zwiebeln und Knoblauch darin braten und rühren, bis die Zwiebeln weich sind. Paprika und restliches Mehl dazugeben und 1 Minute unterrühren. Hähnchenfleisch, Wein, Tomatenmark und die Tomaten mit Saft dazugeben. Aufkochen und bei schwacher Hitze offen 15 Minuten kochen lassen.

3 Pilze und Brühe dazugeben. Alles zugedeckt 10 Minuten weiterschmoren. Sour Cream oder saure Sahne unterrühren und heiß werden, aber nicht mehr kochen lassen.

Das Hähnchenfleisch von Fett und Sehnen befreien und in Stücke schneiden.

Sour Cream oder saure Sahne unter das Gericht rühren und erwärmen, aber nicht mehr kochen.

NÄHRWERTE PRO PERSON (BEI 6) ETWA
400 kcal; 35 g Eiweiß; 20 g Fett; 14 g Kohlenhydrate; 3 g Ballaststoffe; 105 mg Cholesterin

Coq au vin

VORBEREITUNGSZEIT: 20 MINUTEN | GARZEIT: 1 STUNDE | FÜR 6 PERSONEN

2 Zweige Thymian
4 Stängel Petersilie
2 Lorbeerblätter
2 kg Hähnchenteile
100 g Mehl, mit Salz und Pfeffer gemischt
4 dicke Scheiben Bacon (Frühstücksspeck), in Streifen geschnitten
12 kleine Zwiebeln
2 Knoblauchzehen, zerdrückt
2 EL Weinbrand
375 ml trockener Rotwein
375 ml Hühnerbrühe
60 g Tomatenmark
250 g Champignons

1 Kräuter und Lorbeerblätter für das Bouquet garni in ein Stück dünnen Baumwollstoff oder Mulltuch wickeln und mit Küchengarn verschließen. Alternativ die Kräuter zwischen 2 Stangen Sellerie binden.

2 Die Hähnchenteile im gewürzten Mehl wälzen, überschüssiges Mehl abschütteln. In einem Topf 2 EL Öl erhitzen und die Hähnchenteile darin portionsweise bei mittlerer Hitze anbraten. Auf Küchenpapier abtropfen lassen.

3 Den Topf auswischen und das restliche Öl darin erhitzen. Bacon, Zwiebeln und Knoblauch hineinlegen und unter Rühren braten, bis die Zwiebeln braun sind. Hähnchenfleisch, Weinbrand, Wein, Brühe, Bouquet garni und Tomatenmark dazugeben. Aufkochen lassen, dann bei schwacher Hitze zugedeckt 30 Minuten schmoren.

4 Die Pilze unterrühren und alles offen noch 10 Minuten kochen lassen. Die Sauce soll jetzt etwas eingedickt sein. Bouquet garni entfernen.

TIPP: *Es ist wichtig, auch zum Kochen guten Wein zu nehmen – er beeinflusst den Geschmack des ganzen Gerichts.*

NÄHRWERTE PRO PERSON ETWA
580 kcal; 80 g Eiweiß; 20 g Fett; 7 g Kohlenhydrate; 2 g Ballaststoffe; 180 mg Cholesterin

Für ein Bouquet garni Kräuter und Lorbeerblätter in ein kleines Stück Baumwollstoff wickeln.

Die Hähnchenteile portionsweise im heißen Öl bei mittlerer Hitze anbraten.

Die Hähnchenteile mit dem Bratensaft, Bouquet garni und Tomatenmark in den Topf geben.

Mexikanischer Hähnchentopf

VORBEREITUNGSZEIT: 25 MINUTEN | GARZEIT: 1 STUNDE 10 MINUTEN | FÜR 4 PERSONEN

8 Hähnchenunterschenkel (Drumsticks)
Mehl zum Bestäuben
Öl zum Fetten
1 große Zwiebel, fein gewürfelt
2 Knoblauchzehen, fein gewürfelt
1 TL gemahlener Kreuzkümmel
1 TL Chilipulver
2 TL geriebene Bitterschokolade
1 Dose gehackte Tomaten (400 g)
400 g Tomatenmark
250 ml Hühnerbrühe
geröstete Mandeln und gehackte Petersilie zum Bestreuen

1 Die Haut von den Hähnchenschenkeln abziehen und wegwerfen. Das Fleisch mit Küchenpapier trocken tupfen und leicht bemehlen. Eine hohe beschichtete Pfanne leicht fetten. Die Hähnchenschenkel darin bei starker Hitze rundherum in 8 Minuten anbraten. Herausnehmen und beiseitestellen.

2 Zwiebel, Knoblauch, Kreuzkümmel, Chilipulver, Schokolade, 1 TL Salz, ½ TL schwarze Pfefferkörner und 60 ml Wasser in die Pfanne geben und alles 5 Minuten kochen.

3 Tomaten, Tomatenmark und Brühe unterrühren, aufkochen lassen. Hähnchenschenkel hineinlegen, zudecken und alles 45 Minuten leicht kochen lassen. Die Mischung offen in 5 Minuten einkochen lassen. Mit Mandeln und Petersilie bestreuen und servieren.

Von den Hähnchenschenkeln die Haut abziehen, das Fleisch trocken tupfen.

Zwiebel, Knoblauch, Gewürze, Schokolade, Salz und Wasser in die Pfanne rühren.

NÄHRWERTE PRO PERSON ETWA
220 kcal; 25 g Eiweiß; 7 g Fett; 10 g Kohlenhydrate; 4 g Ballaststoffe; 100 mg Cholesterin

Hähnchenschmortopf

VORBEREITUNGSZEIT: 20 MINUTEN | GARZEIT: 1 STUNDE 30 MINUTEN | FÜR 4 PERSONEN

1 kg ausgelöste Hähnchenoberschenkel, ohne Haut
2 EL Olivenöl
1 Knoblauchzehe, zerdrückt
1 große Zwiebel, in Streifen geschnitten
100 g Champignons, in Scheiben geschnitten
1 TL Thymianblättchen
1 Dose gehackte Tomaten (400 g)
60 ml Hühnerbrühe
60 ml trockener Weißwein
1 EL Tomatenmark

1 Den Backofen auf 180 °C vorheizen. Das Hähnchenfleisch von Fett und Sehnen befreien. Öl in einer Pfanne erhitzen und das Fleisch darin portionsweise bei mittlerer Hitze anbraten. Auf Küchenpapier abtropfen lassen und in eine ofenfeste Form legen.

2 Knoblauch, Zwiebel und Pilze in der Pfanne bei mittlerer Hitze braten. Mit Thymian und Tomaten zum Hähnchenfleisch geben.

3 Brühe und Wein mit Tomatenmark verrühren und über das Fleisch in der Form gießen. Zugedeckt im Ofen 1 Stunde 15 Minuten schmoren.

NÄHRWERTE PRO PERSON ETWA
410 kcal; 60 g Eiweiß; 15 g Fett; 6 g Kohlenhydrate; 2 g Ballaststoffe; 125 mg Cholesterin

Das Hähnchenfleisch bei mittlerer Hitze anbraten, dann auf Küchenpapier abtropfen lassen.

Knoblauch, Zwiebel und Pilze in der Pfanne weich braten.

Brühe und Wein mit Tomatenmark mischen und in die Pfanne gießen.

Hähnchen-Pilz-Topf

VORBEREITUNGSZEIT: 20 MINUTEN | GARZEIT: 1 STUNDE 10 MINUTEN | FÜR 4 PERSONEN

20 g getrocknete Steinpilze
30 g Mehl
1,5 kg Hähnchenteile
2 EL Öl
1 große Zwiebel, gewürfelt
2 Knoblauchzehen, gewürfelt
60 ml Hühnerbrühe
80 ml trockener Weißwein
1 kleine Dose geschälte Tomaten (400 g)
1 EL Balsamico-Essig
3 Zweige Thymian
1 Lorbeerblatt
300 g Champignons, in dicke Scheiben geschnitten
Salz und Pfeffer aus der Mühle

NÄHRWERTE PRO PERSON ETWA
360 kcal; 55 g Eiweiß; 10 g Fett; 7 g Kohlenhydrate; 4 g Ballaststoffe; 115 mg Cholesterin

1 Backofen auf 180 °C vorheizen. Die getrockneten Steinpilze in einer kleinen Schüssel mit 60 ml kochendem Wasser übergießen und quellen lassen.

2 Das Mehl mit Salz und Pfeffer würzen. Die Hähnchenteile darin wälzen, überschüssiges Mehl abschütteln.

3 In einer ofenfesten Form das Öl erhitzen und die Hähnchenteile darin portionsweise rundherum anbraten. Herausnehmen. Zwiebel und Knoblauch in der Form 3–5 Minuten braten. Die Brühe hineinrühren.

4 Hähnchenfleisch, Pilze mit Flüssigkeit, Wein, Tomaten, Essig, Thymian und Lorbeerblätter dazugeben. Zudecken und alles im Ofen 30 Minuten schmoren.

5 Den Deckel von der Form abnehmen und die Champignons hineingeben. Alles offen im Ofen 15–20 Minuten garen, bis die Sauce etwas eindickt. Mit Petersilienkartoffeln servieren.

Die getrockneten Pilze mit kochendem Wasser bedecken und quellen lassen.

Die Hähnchenteile im Mehl wälzen, überschüssiges Mehl abschütteln.

Die Hähnchenteile portionsweise in den Topf geben und anbraten.

Sahniger Tomaten-Hähnchen-Topf

VORBEREITUNGSZEIT: 35 MINUTEN | GARZEIT: 50 MINUTEN | FÜR 4–6 PERSONEN

4 Scheiben Bacon (Frühstücksspeck)
2 EL Öl
50 g Butter
300 g kleine Champignons, halbiert
1,5 kg Hähnchenteile
2 Zwiebeln, gewürfelt
2 Knoblauchzehen, zerdrückt
1 kleine Dose geschälte Tomaten (400 g)
250 ml Hühnerbrühe
250 g Sahne
2 EL gehackte Petersilie
2 EL Zitronentymianblättchen
Salz und Pfeffer aus der Mühle

NÄHRWERTE PRO PERSON (BEI 6) ETWA
630 kcal; 70 g Eiweiß; 40 g Fett; 7 g Kohlenhydrate; 3 g Ballaststoffe; 215 mg Cholesterin

1 Den Bacon grob zerkleinern. Einen großen Topf bei mittlerer Hitze heiß werden lassen. Den Bacon darin braten, herausnehmen und auf Küchenpapier abtropfen lassen.

2 In dm Topf 1 EL Öl und 15 g Butter stark erhitzen. Pilze darin braten, bis sie goldbraun und weich sind. Mit einem Schaumlöffel aus dem Topf heben.

3 Restliches Öl und etwas Butter in dem Topf erhitzen. Hähnchenteile darin portionsweise bei starker Hitze anbraten. Herausnehmen.

4 Restliche Butter im Topf erhitzen. Zwiebeln und Knoblauch darin bei mittlerer Hitze etwa 3 Minuten braten. Tomaten, Brühe und Sahne hineinrühren. Bacon, Pilze und Hähnchenteile dazugeben und alles bei schwacher bis mittlerer Hitze leicht kochen lassen. Kräuter unterrühren, mit Salz und Pfeffer abschmecken; noch 5 Minuten köcheln lassen.

Sobald Butter und Öl sehr heiß sind, die Pilze dazugeben und unter Rühren weich braten.

Die Hähnchenteile portionsweise bei starker Hitze goldbraun und knusprig braten.

Dosentomaten, Brühe und Sahne zu Zwiebeln und Knoblauch in den Topf geben.

Würzige Hähnchenpfanne mit Bohnen

VORBEREITUNGSZEIT: 30 MINUTEN | GARZEIT: 50 MINUTEN | FÜR 4 PERSONEN

1 EL Olivenöl
4 Frühlingszwiebeln, in Ringe geschnitten
1 Stange Sellerie, klein gewürfelt
1 Japaleño-Chilischote, entkernt und gehackt
500 g gehacktes Hähnchenfleisch
3 Knoblauchzehen, zerdrückt
¼ TL gemahlener Zimt
¼ TL Chilipulver
1 TL gemahlener Kreuzkümmel
2 TL Mehl
1 Dose gehackte Tomaten (400 g)
125 ml Hühnerbrühe
2 kleine Dosen weiße Bohnen (je 400 g)
2 TL brauner Zucker
4 EL gehacktes Koriandergrün
Salz und Pfeffer aus der Mühle

1 Öl in einer großen Pfanne erhitzen, Frühlingszwiebeln darin weich braten. Sellerie und Chili dazugeben und 1–2 Minuten braten. Das gehackte Hähnchenfleisch dazugeben und bei starker Hitze braten, falls nötig, Klumpen mit dem Kochlöffel zerkleinern. Knoblauch, Zimt, Chilipulver und Kreuzkümmel unterrühren und 1 Minute weiterbraten. Das Mehl darüberstäuben und gut unterrühren.

2 Tomaten und Brühe dazugeben. Alles zum Kochen bringen und zugedeckt 10–15 Minuten leicht kochen lassen.

3 Die Bohnen in einem Sieb abspülen und abtropfen lassen. In die Pfanne geben und 15 Minuten mitköcheln lassen, bis das Gericht eingekocht ist. Zucker untermischen und alles mit Salz und Pfeffer kräftig würzen. Kurz vor dem Servieren mit Koriander bestreuen.

Das Hähnchenhackfleisch in der Pfanne braten; dabei Klümpchen mit dem Kochlöffel zerdrücken.

Die abgetropften Bohnen in die Pfanne geben und alles noch 15 Minuten kochen lassen.

NÄHRWERTE PRO PERSON ETWA
265 kcal; 35 g Eiweiß; 9 g Fett; 12 g Kohlenhydrate; 7 g Ballaststoffe; 65 mg Cholesterin

Marokkanischer Hähnchentopf

VORBEREITUNGSZEIT: 20 MINUTEN + 2 STUNDEN MARINIERZEIT | GARZEIT: 1 STUNDE 25 MINUTEN | FÜR 4 PERSONEN

8 fleischige Hähnchenunterschenkel (Drumsticks)
3 Knoblauchzehen, zerdrückt
1 TL geriebener frischer Ingwer
1 TL gemahlene Kurkuma
2 TL gemahlener Kreuzkümmel
1 TL gemahlener Kardamom
1 TL abgeriebene unbehandelte Limettenschale
2 EL Öl
1 Zwiebel, in Streifen geschnitten
500 ml Hühnerbrühe
6 Datteln, entsteint und klein geschnitten
20 g geraspeltes frisches Kokosnussfleisch
1 EL Petersilienblätter

1 Die Hähnchenschenkel von Fett und Sehnen befreien und in eine Schüssel legen. Knoblauch, Ingwer, Gewürze und Limettenschale mischen. Die Hähnchenschenkel mit der Gewürzmischung rundherum einreiben. Zudecken und 2 Stunden marinieren.

2 Den Backofen auf 180 °C vorheizen. Das Öl in einer großen Pfanne erhitzen. Die Hähnchenschenkel darin bei mittlerer Hitze rundherum kräftig anbraten. Auf Küchenpapier abtropfen lassen, dann in eine Auflaufform legen.

3 Die Zwiebel in die Pfanne geben und 5 Minuten unter Rühren braten. Mit Brühe, Datteln und Kokosraspeln in die Form geben. Zudecken und alles im Ofen 1 Stunde 15 Minute schmoren, dabei hin und wieder durchrühren.

TIPP: *Die Hähnchenschenkel können auch über Nacht im Kühlschrank marinieren.*

VARIANTE: *Statt Datteln können Sie getrocknete Pflaumen oder Aprikosen verwenden.*

Die Knoblauch-Gewürz-Mischung über die Hähnchenschenkel streuen, diese damit einreiben.

Zwiebel, Brühe, Datteln und Kokosraspeln in die Form zum Fleisch geben.

NÄHRWERTE PRO PERSON ETWA
390 kcal; 4 g Eiweiß; 18 g Fett; 9 g Kohlenhydrate; 3 g Ballaststoffe; 100 mg Cholesterin

Basics

Rund ums Hähnchen

Frisches Hähnchenfleisch

Verwenden Sie möglichst Fleisch von frischen Hähnchen und nicht von tiefgekühlten. Frisches Geflügel erkennen Sie daran, dass die Haut des Vogels hell ist und feucht wirkt, aber nicht nass ist und keine angetrockneten Stellen aufweist. Die Brust soll fest und schön rund sein; bei einem jungen Vogel ist die Brustbeinspitze flexibel. Im Fachhandel oder im Bioladen bekommt man Hähnchen aus Freilandhaltung, die mit Samen und Körnern gefüttert wurden sowie Maishähnchen mit gelber Haut und gelbem Fleisch. Wer sehr wenig Zeit hat, kann für ein Gericht das gegarte Fleisch von fertigen Grillhähnchen verwenden.

Teilstücke vom Hähnchen: die ganze Brust – beiderseits des Brustbeins – mit Haut und Knochen; Brustfilet ohne Haut und Knochen, einzeln oder doppelt; ganze Schenkel mit Brustteil (Ober- und Unterschenkel in einem Stück); Oberschenkel; Unterschenkel (Drumsticks); Flügel; die zarten Innenfilets aus der Unterseite der Brust.

Alle Hähnchenteile lassen sich vielseitig verarbeiten – es muss nicht immer nur das Brustfilet sein. Probieren Sie beispielsweise einmal das Fleisch von den Schenkeln (Keulen), es ist saftiger und wird beim Braten nicht so leicht trocken wie Hähnchenbrustfilet. Welches Stück für welche Garmethoden geeignet ist, erfahren Sie hier:

Die gängigen Größen von ganzen Hähnchen, von links nach rechts: schweres Hähnchen (Poularde), Brathähnchen (ab etwa 800 g) und Stubenküken.

Zum Braten im Ofen: ganzes Hähnchen; Stubenküken; ganze Brust mit Knochen und Haut; Flügel; Oberschenkel; Unterschenkel; ganze Schenkel.
Zum Grillen im Backofen: Hähnchenhälften oder -viertel; Flügel; Unterschenkel; Oberschenkel; ganze Schenkel.
Zum Grillen auf Kohle: Hähnchenhälften; die ganze Brust; Flügel; Unterschenkel; Oberschenkel; ausgelöstes Schenkelfleisch; Innenfilets.
Zum Pfannenrühren: Brustfilet; ausgelöstes Schenkelfleisch; Innenfilets; Leber
Zum Braten in der Pfanne: Oberschenkel; Brustfilet; Innenfilets, Leber.
Zum Frittieren: Unterschenkel; Flügel; ausgelöstes Schenkelfleisch.
Zum Schmoren: ganzes Hähnchen; Hähnchenteile; ganze Schenkel; Unterschenkel; Flügel.
Zum Kochen: ganzes Hähnchen; ganze Brust; Brustfilet; ganze Schenkel; Unterschenkel.
Für die Suppe: Suppenhuhn; Knochen, Flügel; Hals; Innereien.

Hähnchenhackfleisch wird in diesem Buch häufig verwendet. Es ist im Handel nicht erhältlich, man kann es jedoch leicht mit der Küchenmaschine oder mit dem Fleischwolf aus grob gewürfeltem Fleisch herstellen; in der Küchenmaschine eventuell etwas Flüssigkeit dazugeben. Oder man hackt das Fleisch mit einem großen schweren Messer sehr fein.

Hähnchenfleisch aufbewahren: Weil Hähnchenfleisch mit Salmonellen (gesundheitsschädliche Bakterien, die eine Lebensmittelvergiftung verursachen können) kontaminiert sein kann, sollte man schon beim Kauf darauf achten, dass es mit keinen anderen Lebensmitteln in Kontakt kommt. Anschließend rasch nach Hause transportieren, um das Geflügel so bald wie möglich in den Kühlschrank zu packen. Der Transport sollte in der Kühl- oder Isoliertasche erfolgen, denn Wärme fördert die Vermehrung der Salmonellen. Wenn die Kühlkette (etwa 4 °C) nicht unterbrochen wurde, kann man Hähnchenfleisch problemlos mehrere Tage im Kühlschrank aufbewahren.

Auch im Kühlschrank sollte ein Hähnchen oder Hähnchenfleisch nicht in Kontakt mit anderen Lebensmitteln gebracht werden. Den Vogel zu Hause aus der Verpackung nehmen. Falls vorhanden, den Plastikbeutel mit den Innereien aus der Bauchhöhle nehmen, Nacken und Bürzel abschneiden und das restliche Blut aus dem Hähnchen laufen lassen. Die Innereien getrennt aufbewahren. Das Hähnchen in einen tiefen Teller legen, abdecken und in den Kühlschrank stellen. Säfte oder Wasser aus dem Hähnchen dürfen nicht auf andere Lebensmittel tropfen. Übrigens: Spülen Sie Hähnchenfleisch nicht ab, dadurch könnten eventuell vorhandene Salmonellen auf dem ganzen Fleisch verteilt werden.

Nachdem man rohes Hähnchenfleisch zerkleinert oder wie auch immer vorbereitet hat, die Hände gründlich mit Seife waschen. Ebenfalls müssen Schneidbrett, Messer, Geschirr oder Arbeitsfläche, mit denen das Fleisch in Berührung gekommen ist, sofort mit heißem Wasser und Spülmittel gereinigt werden.

Gegartes Hähnchenfleisch aufbewahren
Nach dem Garen sollte Hähnchenfleisch nicht länger als 1 Stunde bei Raumtemperatur herumstehen. Spätestens danach locker einpacken, in den Kühlschrank stellen und innerhalb von 3 Tagen verbrauchen – gegartes Hähnchenfleisch oder ein Hähnchengericht sollte also nicht all zu lange abkühlen, sondern eventuell sogar noch lauwarm in den Kühlschrank gestellt werden.

Tiefkühl-Hähnchen

Beim Kauf von tiefgefrorenem Hähnchen oder -fleisch darauf achten, dass die Verpackung nicht beschädigt ist und das Fleisch keine Stellen mit Gefrierbrand aufweist. Finger weg von einem Hähnchen, das nicht durch und durch gefroren ist oder sogar in Flüssigkeit liegt – dies ist ein sicherer Hinweis darauf, dass das Hähnchen zwischendurch an- oder aufgetaut war oder dass es überlagert ist.

Selber einfrieren: Wer ein frisches Hähnchen oder Hähnchenfleisch einfrieren möchte, muss auf eine Mindesttemperatur von –18 °C im Tiefkühlgerät achten. Das Gefriergut in einen ausreichend großen Gefrierbeutel packen. Den gefüllten Beutel nach Möglichkeit vakuumieren, damit das Hähnchen mit wenig Luft in Berührung kommt. Denn Sauerstoff beschleunigt den Oxidationsprozess, der das Fleisch trocken werden bzw. letztendlich verderben lässt. Korrekt eingefroren kann man Hähnchenfleisch (ohne Innereien) bis zu neun Monate tiefkühllagern. Innereien separat verpacken und einfrieren; sie halten bis zu acht Wochen im Tiefkühlgerät. Auf- oder angetautes Hähnchen bzw. Hähnchenfleisch nicht wieder einfrieren, sondern im Kühlschrank ganz aufgetauen lassen und sofort garen. Ein gefülltes Hähnchen sollte man nicht einfrieren, da die Füllung eventuell nicht vollständig gefriert und leicht verderben würde.

Gegartes Hähnchen einfrieren: Ganze gegarte Hähnchen oder Teilstücke können mit oder ohne Knochen eingefroren und gut bis zu zwei Monate im Tiefkühlgerät gelagert werden. Schmorgerichte und Suppen mit Hähnchenfleisch lassen sich wunderbar einfrieren. Das Gericht so schnell wie möglich herunterkühlen – das gelingt am besten in kleinen Portionen im Kühlschrank. Anschließend in Gefrierdosen oder Gefrierbeutel füllen, diese gut verschließen und mit Inhalt und Einfrierdatum beschriften. Bis zu sechs Monate im Tiefkühlgerät lagern.

Auftauen: Hygiene ist hier oberstes Gebot. Tiefgefrorenes Hähnchen oder -fleisch sollte im Kühlschrank langsam auftauen – niemals bei Raumtemperatur. Dafür das gefrorene Hähnchen oder Hähnchenfleisch aus der Verpackung nehmen und am besten in ein großes Gefäß auf einen Gittereinsatz legen (oder in ein Sieb in einen tiefen Teller). In den Kühlschrank stellen und auftauen lassen. Dabei darauf achten, dass das Auftauwasser nicht mit anderem Kühlgut in Berührung kommt. Als Faustregel kann man 2–3 Stunden Auftauzeit pro 500 g rechnen. Das Auftauwasser vor der weiteren Verarbeitung weggießen. Das Hähnchen kurz abspülen und trocken tupfen; innerhalb von 12 Stunden verarbeiten.

Das Auftauen eines ganzen Hähnchens im Mikrowellengerät ist nicht empfehlenswert, da es ungleichmäßig auftauen würde. Hähnchenteile oder fertige Gerichte können dagegen gut im Mikrowellengerät aufgetaut werden.

Zubereitung: Zuerst Nacken, Bürzel und sichtbare, größere Fettstücke von einem Hähnchen abschneiden. Das Fett wegwerfen; Nacken und Bürzel können für eine Brühe verwendet werden. Von Hähnchenteilen ebenfalls größere Fettstücke und die Sehnen entfernen.

Rohes Geflügel nicht waschen (siehe Seite 246), sondern nur mit Küchenpapier abwischen oder trocken tupfen.

Ein ganzes Hähnchens lässt sich hervorragend mit einem stabilen und scharfen Küchenmesser zerlegen. Sehr gut gelingt es auch mit der Küchen- oder Geflügelschere – vor allem zum Teilen von Brustbein, Wirbelsäule und Rippen ist sie gut geeignet.

Eine Füllung verleiht Hähnchenfleisch ein intensiveres Aroma und macht es gehaltvoller. Ein gefülltes Hähnchen höchstens 3 Stunden im Kühlschrank stehen lassen. Wird eine warme Füllung verwendet, muss der Vogel sofort gegart werden. Ein gefülltes oder dressiertes (s. Seite 249; Füllen) Hähnchen hat eine etwas längere Garzeit als ein ungefülltes. Weil die Füllung verbliebene Flüssigkeit aus dem Hähnchen aufsaugt, muss sie vor dem Servieren unbedingt durchgegart sein, um eine mögliche Salmonelleninfektion zu vermeiden.

Wer Hähnchenfleisch lieber ohne Haut isst, spart automatisch Fett, denn das meiste befindet sich direkt unter der Haut. Die Haut am besten vor dem Garen entfernen.

Im Uhrzeigersinn von links: Oberschenkel (Unterseite), Unterschenkel (Drumstick), ganzer Schenkel, ausgelöster Oberschenkel, Oberschenkel (Oberseite).

Hähnchenbrust und -flügel, im Uhrzeigersinn von links: Flügel, Brustfilet, ganze Brust, Innenfilet (aus der Unterseite der Brust).

Tranchieren

Zum Teilen eines gegarten Hähnchens verwendet man am besten ein Tranchierbesteck: die Gabel mit den zwei langen, stabilen Zinken zum Festhalten und das große, schwere Messer zum Zerteilen. Ein im Ofen gebratenes Hähnchen sollte man vor dem Tranchieren mit Alufolie abdecken und an einem warmen Ort 10 Minuten ruhen lassen. Zum Tranchieren auf ein Tranchierbrett oder eine stabile Unterlage legen. Mit der Tranchiergabel das Hähnchen halten. Zunächst die Schenkel mit dem gewünschten Brustfleischanteil abschneiden. Hüftgelenk mit der Messerspitze durchschneiden. Schenkel nach Belieben ebenfalls im Gelenk teilen. Flügel abschneiden. Das Fleisch von der Brust parallel zum Brustkorb in Scheiben abschneiden. Alle Teile auf einer vorgewärmten Servierplatte oder direkt auf Portionstellern anrichten.

Die Flügel am Schultergelenk mit etwas Brustfleisch abschneiden.

Die Haut rund um den Schenkel einschneiden. Den Schenkel abspreizen und im Gelenk abschneiden.

Das Brustfleisch parallel zum Brustkorb in gleichmäßigen Scheiben abschneiden.

Zerlegen

Wenn man weiß, wie es geht, ist es nicht schwierig, ein rohes Hähnchen zu zerlegen. Große Vögel lassen sich mit einem großen, schweren Küchenmesser oder der Geflügel- bzw. Küchenschere in 4–10 Stücke teilen.

Um ein Hähnchen in 6 Stücke zu teilen, erst die Schenkel abschneiden. Dafür zuerst die Haut an der Brust, dann Fleisch und Sehnen bis zum Gelenk durchschneiden. Den Schenkel hin und her drehen, bis sich die Gelenkkugel löst; das Gelenk durchschneiden. Die Flügel entfernen, indem man sie nach außen dreht und durch das Gelenk abschneidet.

Vorsichtig den Vogel an einer Seite längs aufschneiden, aufklappen und auf der anderen Seite ebenfalls durchschneiden. Brusthälften links und rechts vom Brustbein abschneiden.

Um 8 Portionen zu erhalten, die Schenkel im Kniegelenk in Ober- und Unterschenkel teilen. Für 10 Portionen die Bruststücke quer zerschneiden.

Bedenken Sie: Dunkleres Hähnchenfleisch hat eine längere Garzeit als helles Brustfleisch.

Den Schenkel nach außen drehen, dann im Gelenk mit einem scharfen Messer abtrennen.

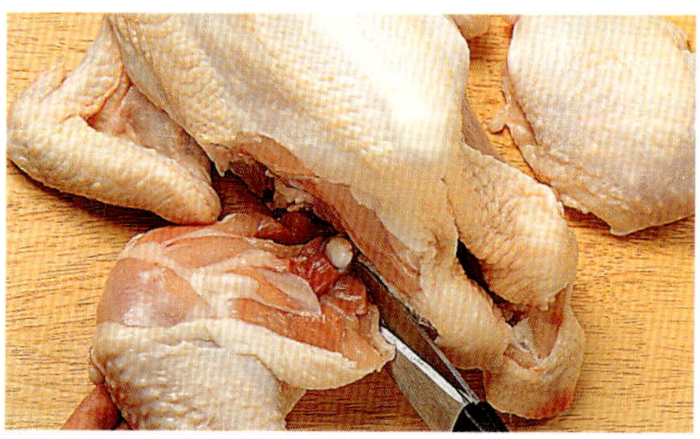

Die Flügel abschneiden: nach außen drehen und das Fleisch rund um das Gelenk abschneiden.

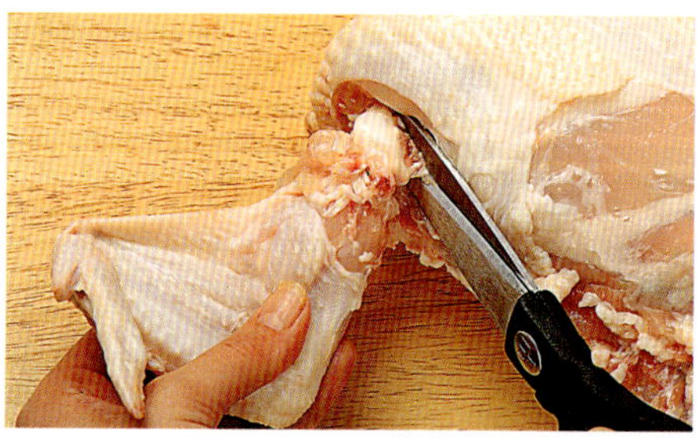

Das Hähnchen an einer Seite aufschneiden und flach hinlegen.

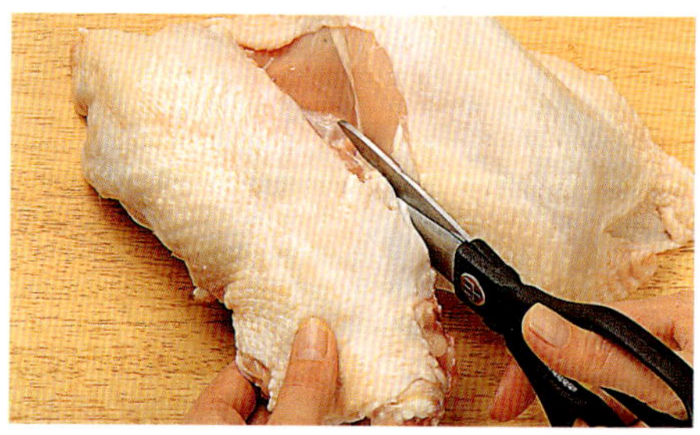

Ein ganzes Hähnchen entbeinen

Mit einem scharfen Messer mit schmaler Klinge die Haut an der Wirbelsäule einschneiden. Das Fleisch an einer Seite entlang zur Brust hin vorsichtig von den Knochen ablösen, dabei die Haut nicht verletzen. Zunächst auf dieser Seite das Fleisch von Ober-, Unterschenkel und dem Flügel vorsichtig mit dem Messer von den Knochen schaben. Den Hüftknochen durch- und die Flügelspitze abschneiden. Dann auf der anderen Seite die Knochen genauso frei legen wie beschrieben. Nun lässt sich der Brustkorb herausheben – das Fleisch bleibt als Ganzes intakt. Alles Fleisch vom zweiten Unterschenkel- und Flügelknochen schaben; die Knochen herausziehen und wegwerfen. Das Fleisch von Flügeln und Unterschenkeln nach innen stülpen. Das Hähnchen auf der Hautseite flach ausbreiten und nach Rezept weiterverarbeiten.

Mit einem Messer mit schmaler Klinge Haut und Fleisch entlang der Wirbelsäule einschneiden.

Mit der Messerspitze an den Rippen entlang das Fleisch abschaben.

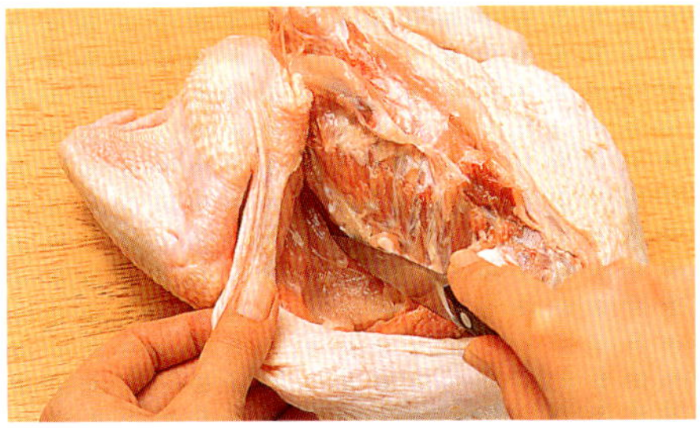

Die Oberschenkelknochen durch- und die Flügelspitzen abschneiden; den Brustkorb herausnehmen.

Von Unterschenkeln und Flügeln das Fleisch abschaben; die Schenkelknochen herausziehen.

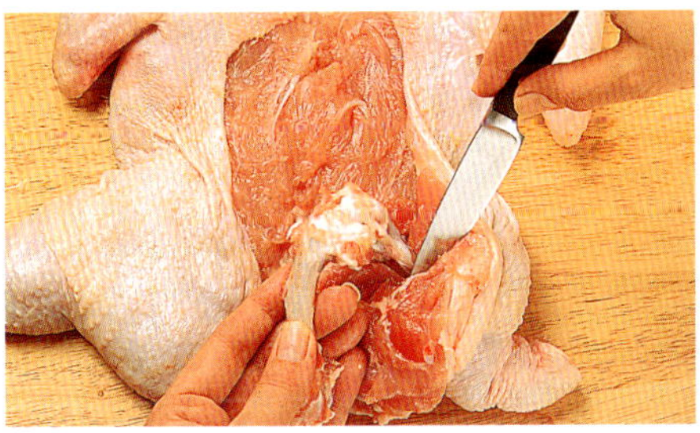

Die Flügelknochen entfernen und das Fleisch nach innen stülpen.

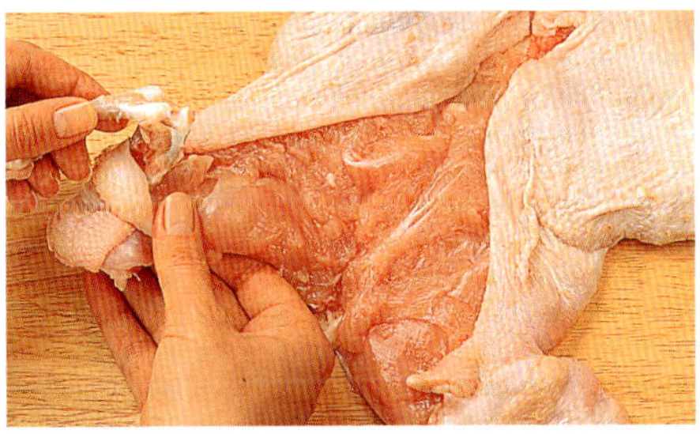

Auch das Fleisch von den Schenkeln nach innen stülpen, das entbeinte Hähnchen flach ausbreiten.

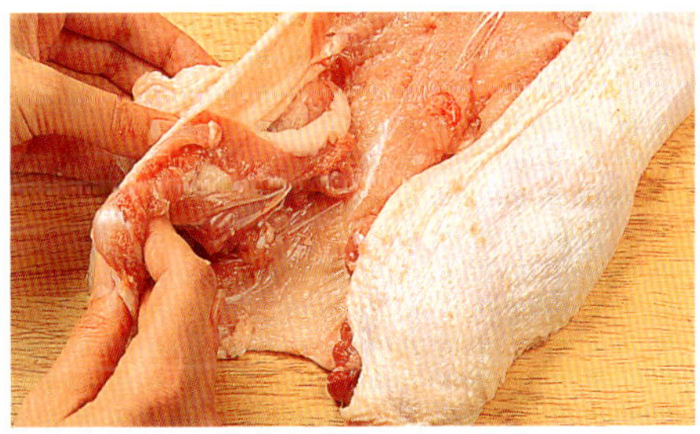

Hähnchen füllen

Die Füllung locker in die Bauchhöhle löffeln. Die Haut über der Öffnung zusammenfassen und mit einem Spieß verschließen. Wenn man das Hähnchen dressiert (also mit Küchengarn bindet), tritt die Füllung nicht aus – der Vogel behält seine Form: Hähnchen füllen und die Haut über die Öffnung ziehen. Hähnchen auf die Brust legen; ein langes Stück Küchengarn um die Flügel wickeln und diese eng an den Körper binden. Hähnchen umdrehen; Garn von unten zwischen Schenkeln und Rumpf nach vorne bringen; Schenkel zusammenbinden.

Die Bauchhöhle nicht ganz füllen, denn die Masse dehnt sich beim Garen noch aus.

Die Haut über der Öffnung mit einem Spieß verschließen.

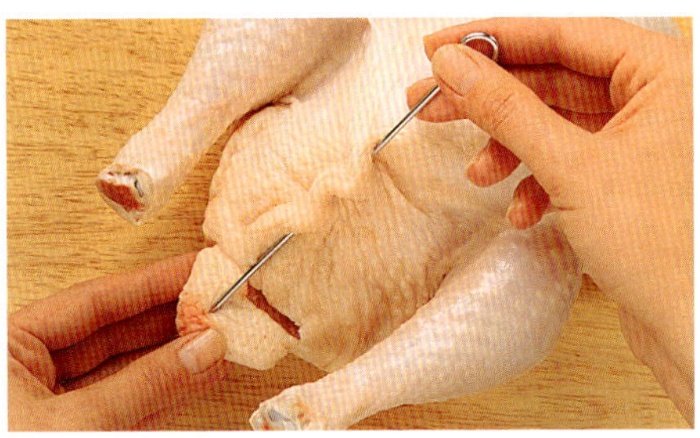

Den Bürzel in die Bauchhöhle stecken und die Schenkel zusammenbinden.

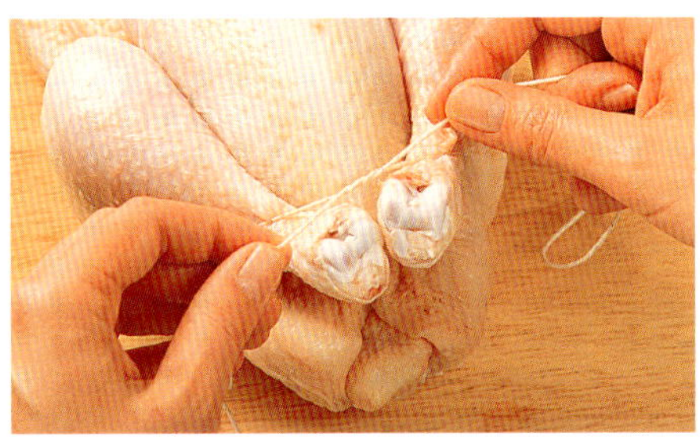

Register

Register

I

J

K

L

M

N

O

P

Q

R

S

T

V

W

Y

Z

DORLING KINDERSLEY
London, New York, Melbourne, München und Delhi

Verlagsleitung Juliet Rogers
Verleger Kay Scarlett

Projektbetreuung und Lektorat Kristin Buesing
Konzept Gestaltung Heather Menzies
Gestaltung Heather Menzies, Jacqueline Richards
Fotografie Natasha Milne
Food Styling Kate Brown
Rezeptzubereitung Peta Dent, Kirrily La Rosa, Wendy Quisumbing
Text der Einleitung Leanne Kitchen
Produktionsbetreuung Kita George

Für die deutsche Ausgabe
Programmleitung Monika Schlitzer
Projektbetreuung Elke Homburg
Herstellungsleitung Dorothee Whittaker
Herstellung Anna Ponton

Bibliografische Information Der Deutschen Bibliothek
Die Deutsche Bibliothek verzeichnet diese Publikation
in der Deutschen Nationalbibliografie;
detaillierte bibliografische Daten sind im Internet
über http://dnb.ddb.de abrufbar.

Titel der englischen Originalausgabe:
HOMESTYLE CHICKEN

Für das Redaktionsbüro Cornelia Klaeger
Übersetzung Adelheid Schmidt-Thomé
Redaktion und Satz Cornelia Klaeger, Regina Rechter

ISBN 978-3-8310-1846-8

Printed by 1010 Printing International Limited in China

Besuchen Sie uns im Internet
www.dorlingkindersley.de

Anmerkung: Beim Backen in Umluftöfen kann die in den Rezepten angegebene Temperatur um 20 °C reduziert werden.